W0192296

Christine Lukas

Die Spätzle-Pasta-Connection

Widmung

Für Alison, Clare, Gianna, Kate und Marybeth, die mir während meiner Zeit in England stets zur Seite gestanden haben.

Impressum

1. Auflage: Februar 2011
© Telescope Verlag & Druck, Annaberger Str. 21, 09456 Mildenau
www.telescope-verlag.de

Lektorat: Verena Rotermund
Fotos: © Christine Lukas, Andrey Sukhachev, Poly
ISBN: 978-3-941139-93-0
Preis: 12,00 EURO

Inhalt

Scusi? Italienisch für Anfänger

Eisregen prasselt auf das Dachfenster meines Wohnzimmers. Fix und fertig lümmelt mein Bruder Andreas auf dem orangefarbenen Sofa, das bei diesem trüben Wetter wie ein Hoffnungsschimmer den Raum erhellt.

„Ich bin total urlaubsreif", stöhnt er und blättert missmutig in einem Reisemagazin. Unerwartet richtet er sich auf und hält mir einen Artikel unter die Nase. „Schau mal: der Gardasee. Hättest du Lust, mit mir da hinzufahren?"

Verdutzt reiße ich die Augen auf.

„Ist das dein Ernst?"

Mein Bruder ist kein Anhänger spontaner Entscheidungen. Vielleicht hat die Abfuhr seiner langjährigen Freundin diesen plötzlichen Anflug von Reiselust verursacht. Janine hat ihn abserviert. Natürlich ist er darüber sehr geknickt. Früher pflegten wir eine freundschaftliche Beziehung, entfernten uns aber durch sein Zusammensein mit Janine und meinen längeren Auslandsaufenthalt etwas voneinander. Nun musste der arme Andreas zu allem Überfluss vorübergehend Zuflucht bei unseren Eltern suchen, da seine Verflossene die gemeinsame Wohnung für sich allein beanspruchte.

Ich residiere in einer gemütlichen Dachwohnung in Bad Cannstatt in der Nähe meines Elternhauses. Andreas schaut oft bei mir vorbei, wenn ihm zu Hause die Decke auf den Kopf fällt. Schon seit Längerem fröne ich nun unfreiwillig dem Singledasein. Wir können beide eine Luftveränderung gebrauchen.

„Ich bin dabei", erwidere ich ohne Umschweife, „schon seit Jahren möchte ich mal wieder nach Italien fahren."

Jetzt muss ich nicht mehr krampfhaft nach einem Reisepartner suchen. Insgeheim hoffe ich, dass wir wieder mehr zueinanderfinden.

Etwas seltsam ist es schon. Den letzten gemeinsamen Urlaub verbrachten wir vor fünfzehn Jahren zusammen mit unseren Eltern an der Nordsee. Schon am nächsten Tag gehen wir ins Reisebüro, um eine Ferienwohnung am Rande des pittoresken Städtchens Garda zu buchen.

Unser Vater, ein Vollblutschwabe, hält nicht viel von unseren Reiseplänen: „Was wellet ihr denn bei dene Iddaliener? Fahret doch an de Bodesee. Do schwätzet se wenigschtens deutsch."

Wir fahren mit dem Auto auf der A5 in Richtung Basel. Andreas sitzt am Steuer, ich studiere meinen Sprachführer „Italienisch für Anfänger".
„Scusi heißt Entschuldigung auf Italienisch", belehre ich ihn, „und außerdem heißt ‚Scusi?' auch ‚Wie bitte?'. Das können wir bestimmt einmal gebrauchen."
Andreas lächelt nur milde vor sich hin.
„Wir fahren an den Gardasee! Das ist eine Art deutsche Enklave. Was willst du denn mit dem Wörterbuch?", fragt er mich allen Ernstes. Sein Expertentum versetzt mich in Erstaunen. Er war noch nie in Italien. Dieses übermäßige Interesse an Fremdsprachen hat er wohl von unserem Vater geerbt. Ich hingegen besitze den Ehrgeiz, ein paar italienische Vokabeln zu lernen. Einmal abgesehen davon soll auch mein Italienischkurs für Anfänger in der Volkshochschule nicht umsonst gewesen sein. Leicht genervt packe ich mein Wörterbuch in die Tasche.

Wir passieren Freiburg und überqueren in Basel die Grenze zur Schweiz. Der Auftakt der Pfingstferien hat die erste Welle der alljährlichen Völkerwanderung Richtung Süden ausgelöst. Es bilden sich lange Schlangen auf der Autobahn. Die Blechkolonnen wälzen sich in Richtung Tessin. Es regnet. Am Gotthardtunnel kommt der Verkehr dann endgültig zum Erliegen. Wir kriechen im Schritttempo voran. Andreas ist glücklicherweise ein gelassener Autofahrer. Ich hingegen schaue gelangweilt aus dem Fenster und trommle ungeduldig mit den Fingerspitzen gegen die Scheibe des Beifahrerfensters. In Ermangelung einer anderen Beschäftigung hole ich meinen italienischen Sprachführer heraus und blättere wieder darin herum.
„Du gibst wohl nicht auf?", spottet mein großer Bruder.
„Und du bist ein linguistischer Ignorant", kontere ich, „du wirst schon sehen! Ich werde meine Italienischkenntnisse noch gebrauchen können."
Andreas' schnippischer Unterton ist nicht zu überhören. Nach einer endlos scheinenden Fahrt haben wir den Gotthardtunnel hinter uns gelassen. Nun heißen uns Sonne und weiße Wattewolken im Tessin willkommen.

Zum Glück bleiben uns für heute weitere Staus erspart, da wir eine Zwi-schenübernachtung in Lugano, in der italienischen Schweiz am schönen Luganer See, eingeplant haben. Die freundliche Empfangsdame begrüßt uns in perfektem Deutsch. Andreas wirft mir ein verschmitztes Grinsen zu.
„Siehst du ...!", murmelt er.
Aber noch sind wir nicht in Italien angekommen.

Am nächsten Morgen nach einem gemütlichen Frühstück setzen wir un-sere Fahrt Richtung Garda fort. Etwa zwei Stunden später erreichen wir den Ortskern. Die sympathische Stimme aus dem Navigationsgerät scheint sich in den verwinkelten Gassen genauso wenig auszukennen wie wir und schickt uns immer wieder in dieselbe Sackgasse. Leider ist gerade Mittags-zeit und die meisten Anwohner und Gäste haben sich wohl zur Mittagsru-he zurückgezogen. Da kommt eine Dame mittleren Alters mit ihrem Hund den Gehweg entlang. Ich stürze hastig aus dem Auto.
„Eh scusi", räuspere ich mich.
Die Dame lächelt freundlich:
„Ich komme auch aus Deutschland."
Das bringt mich etwas aus dem Konzept. Ich erröte leicht, aber sie kann mir wenigstens den Weg erklären.

Als ich wieder ins Auto steige, grient Andreas bis über beide Ohren. Ich schnaube nur kurz angebunden:
„Da hoch und dann gleich links."

Die Via Cortina finden wir ohne Probleme. Dort müssen wir beim Vermie-ter den Schlüssel zu unserer Ferienwohnung abholen. „Ich mach das schon", behauptet mein Begleiter selbstbewusst, schwingt sich aus dem Auto, stol-ziert davon und läutet an der Haustür. Ein etwas älterer, mit einem Karo-hemd bekleideter Italiener mit Schnurrbart und dickem Bauch öffnet die Tür. Andreas spricht auf den Mann ein. Dieser starrt ihn nur verständnislos an. Darauf folgt ein Schwall italienischer Sätze, begleitet von ausladenden Gesten mit Händen und Armen. Nun ist es an Andreas, verwirrt drein-zublicken. Der Italiener wiederholt seine Erläuterungen. Mein Bruderherz sieht verzweifelt zu mir herüber. Ich beobachte beiläufig eine grau-weiße Katze, die sich gerade zu überlegen scheint, ob sie die Straße überqueren

soll. Als mein linguistisch unbegabter Gefährte merkt, dass von mir keine Unterstützung zu erwarten ist, wendet er sich wieder dem älteren Mann zu, runzelt die Stirn und fragt unsicher: „Scusi?"
Ich sitze mit einem breiten Grinsen im Auto und beobachte, wie sich die beiden mit wilden Gesten zu verständigen versuchen. Andreas redet auf Deutsch auf den Dickbäuchigen ein. Er wiederum antwortet auf Italienisch und unterstreicht seine Erklärungen mit Zeichensprache. Endlich wechselt ein Schlüssel den Besitzer. Der schnurrbärtige Italiener klopft Andreas auf die Schulter:
„Non c'è problema!"
Inzwischen hat auch die grau-weiße Katze eine Entscheidung getroffen. Sie will die Straße nicht überqueren und verschwindet in einem verwachsenen Garten zwischen zwei Rosenbüschen.
Mit hochrotem Kopf kommt Andreas zum Auto zurück.
„Na, tutto paletti?", frage ich unschuldig und tue so, als hätte ich von dem Debakel überhaupt nichts mitbekommen. Ich bekomme nur ein undeutliches Gemurmel zur Antwort.

Der Reiseprospekt preist unsere Ferienwohnung als großzügiges Appartement in einem rustikalen, liebevoll renovierten Bauernhaus mit Swimmingpool am Ortsrand von Garda mit traumhaftem Blick auf den See an. Ich hoffe, dass die Renovierung nicht bereits zwanzig Jahre zurückliegt. Andreas steuert unser Auto auf das Ende der Via Cortina zu, wo sich unser Domizil befinden soll. Wir haben gerade das letzte Haus hinter uns gelassen. Vor uns liegt ein geteerter Feldweg, der enorm ansteigt und in ein Niemandsland aus Weinbergen und Feldern zu führen scheint. Andreas tritt auf die Bremse und bringt den Wagen zum Stehen. Fragend schauen wir uns an.
„Ich glaub nicht, dass da hinten noch mehr Häuser sind", äußere ich skeptisch.
„Das können wir nur herausfinden, indem wir mal nachschauen", antwortet er und gibt Gas.
Tatsächlich. Gleich nach der nächsten Kurve taucht das besagte Bauernhaus vor uns auf. Ein von Zypressen gesäumter Weg führt direkt auf das sandfarbene Steinhaus zu. Auf der linken Gebäudehälfte sind die Fensterläden aus dunklem Holz fest verschlossen. Der nierenförmige Pool ist in den

frisch gemähten Rasen gebettet. Eine Reihe knorriger Olivenbäume bildet die Grenze zum Nachbargrundstück.

Auf gute Nachbarschaft

„Eine himmlische Ruhe ist das hier oben", seufzt Andreas glücklich, „endlich können wir mal so richtig abschalten. Das haben wir uns verdient nach dem Stress der letzten Wochen mit Arbeit und Beziehung. Ich bin froh, dass du mitgekommen bist."
„Hm", stimme ich zu, schließe genüsslich die Augen und atme einmal tief durch. Schon setzt bei mir Urlaubsstimmung ein.

Unser zweistöckiges Domizil ist mit rustikalen Möbeln ausgestattet. Terrakottafarbene Fliesen und eine geschnitzte Holzdecke verbreiten eine heimelige Atmosphäre. Wie versprochen hat man von der Veranda aus einen traumhaften Blick auf den See und das Städtchen Garda, das sich unter dem Weinberg erstreckt.

Die andere Ferienwohnung im Gebäude scheint ebenfalls belegt zu sein, wie man an dem vollen Wäscheständer im Hof unschwer erkennen kann. Nur von unseren neuen Nachbarn fehlt jede Spur.

„So", erkläre ich tatfreudig, „jetzt erst mal auspacken und dann einkaufen! Wir brauchen schließlich ein paar Vorräte."
Gesagt, getan. Unsere Irrfahrt durch Garda vom Vormittag hatte zumindest ein Gutes. Wir wissen bereits, wo sich der Supermarkt befindet. Daher machen wir uns auf den Weg, um Vorräte für die nächsten Tage zu besorgen.
„Also, das Angebot an Brotsorten ist durchaus überschaubar", beschwert sich Andreas, ein passionierter Vollkornbrotesser, „du kannst wählen zwischen Weißbrot und Weißbrötchen. Nicht sehr spannend."
„Dafür gibt es super Olivenöl, Balsamicoessig, leckeren Wein aus Bardolino und so viele Pastasorten, wie du dir vorstellen kannst", kontere ich.
Einem gemütlichen Abend mit Blick auf den herrlichen Gardasee scheint nichts mehr entgegenzustehen.

Nun treten unsere Nachbarn in Erscheinung: eine italienische Familie mit drei Söhnen zwischen elf und fünfzehn Jahren und einer Großmutter. Schon von Weitem hören wir laute Stimmen, als wir mit dem Ausladen der Vorräte beschäftigt sind. Ich überlege, ob wir mitten in die Reinszenierung der Schlacht bei Verona geraten sind und ein Überfall der Westgoten unmittelbar bevorsteht. Oder ist es doch nur ein Familienstreit? Noch ist mir nicht klar, dass dies der normale Umgangston ist. Italiener sind eben etwas temperamentvoller. Andreas und ich schauen uns an. Unsere neuen Nachbarn ertappen uns bei dem Versuch, unsere frisch eingekauften Lebensmittel ungesehen ins Haus zu schaffen.

Der Vater, das Familienoberhaupt, der aussieht als sei er dem Film „Der Pate" entsprungen, kommt fröhlich und mit ausgebreiteten Armen auf uns zugestürmt:
„Ciao, benvenuti!", begrüßt er uns überschwänglich. Paolo packt Andreas' Hand und schüttelt sie so heftig, dass ich schon befürchte, er werde ihm den Arm auskugeln. Mit erklärenden Gesten und einem wilden Sprachgemisch stellen wir uns alle gegenseitig vor. Bald stellt sich heraus, dass das Familienoberhaupt Paolo heißt, aus Sizilien stammt, der Neffe des Hausbesitzers ist und für einige Jahre am Fließband bei Mercedes-Benz in unserer Heimatstadt Stuttgart gearbeitet hat. Wie klein die Welt doch ist. Seine Mutter, so informiert uns der Familienchef, nennen alle Nonna, was so viel wie Großmutter heißt. Seine Ehefrau, die Mutter der Jungen stellt sich als Angela vor. Stolz zeigt sie auf ihre Söhne, die sich im Swimmingpool tummeln. Paolo heißt der älteste, genauso wie sein Vater. Wie einfallsreich! Der mittlere heißt Massimo und der „Kleine" Andrea.
„Ich dachte, das seien alles Jungs", raunt mein Begleiter mir zu.
„Sind sie doch auch", flüstere ich erstaunt zurück.
„Warum hat dann der Kleine einen Mädchennamen?" fragt Andreas verwirrt.
Bevor ich etwas erwidern kann, mischt sich Paolo Senior ein: „So, du heißt genauso wie unser Jüngster: Andrea."
„Nein, ich heiße Andreas mit ‚s'!", wehrt sich selbiger heftig.
„Si, si, Andrea", nickt Paolo selbstgefällig.
Ich grinse selbstzufrieden. Linguistischer Ignorant. Hatte ich's doch gewusst. Als die Vorstellungszeremonie beendet ist, ziehen wir uns zurück, um uns der Vorbereitung unseres Abendessens zu widmen.

„Wieso sagt der Andrea zu mir, ich nenne ihn doch auch nicht Paola!", beschwert sich mein Bruder, während er konzentriert die auf dem Herd vor sich hin blubbernde Tomatensoße umrührt.

„Also", kläre ich ihn auf, „Andreas heißt auf Italienisch Andrea, auch wenn das für unsere Ohren etwas seltsam klingt."

Mein lieber Bruder will das nicht so hinnehmen. Aufgeregt wedelt er mit dem Kochlöffel herum und verteilt dabei rote Soßenspritzer auf der weißen Arbeitsplatte.

„Die Italiener sind doch komisch", schimpft er, „sehen aus wie die totalen Machos und dann geben sie ihren Männern Frauennamen."

„Hör auf zu meckern und deck lieber den Tisch fürs Abendessen", schlage ich vor.

Unsere erste Mahlzeit auf der Veranda, die aus leckeren Basilikumgnocchi mit Tomatensoße und einem edlen Rotwein besteht, ist zwar gemütlich, allerdings weder ruhig noch entspannend. Das liegt jedoch nicht an uns. Inzwischen haben wir auch verstanden, dass die Familie Lanteri immer in dieser Lautstärke redet. Der mittlere Sohn, Massimo, heißt vermutlich so, weil er von allen die größte Klappe hat. Fast jeden Satz beginnt er mit einem langatmigen „allora", um dann irgendwelche – vermutlich coolen – Sprüche vom Stapel zu lassen. In den relativ kurzen Atempausen liefern sich dann Paolo Senior und Paolo Junior für uns unverständliche, lautstarke Wortgefechte. Dazwischen sind immer wieder die Stimmen von Mutter und Großmutter Lanteri zu vernehmen, die vermutlich über irgendwelche Rezepte diskutieren. Nur der kleine Andrea ist kaum zu hören.

„Einen Fernseher brauchen wir hier nicht, höchstens ein paar CDs mit Meditationsmusik", grinse ich.

Mein Gegenüber hebt wortlos das Glas, nickt mir zu und trinkt den letzten Schluck Wein aus.

„Zeit fürs Bett. Es war ein langer Tag."

Auch ich bin hundemüde und nicht einmal eine Familie Lanteri kann mich vom Einschlafen abhalten.

Erste Eindrücke von Garda

Am nächsten Morgen kitzeln mich die Sonnenstrahlen wach, die durch die Ritzen der hölzernen Fensterläden scheinen. Ich rekele mich. Andreas schlummert noch friedlich. Wir haben uns geeinigt, beide das Schlafzimmer zu benutzen, da keiner auf dem etwas unbequem aussehenden Schlafsofa im Wohnzimmer übernachten will. Ich lausche, aber außer dem Rufen eines Kuckucks draußen vor dem Fenster ist nichts zu hören. Himmlische Ruhe, Sonnenschein und Urlaub am Gardasee. Was kann es Schöneres geben? Gut gelaunt schlüpfe ich aus dem Bett, setze mich auf die Veranda und begrüße den neuen Tag. Der Blick auf den See ist herrlich. Linker Hand erhebt sich majestätisch der Hausberg von Garda. Sogar die Landzunge von Sirmione ist zu erkennen. Ich genieße die Morgenstimmung. Alles sieht noch taufrisch aus, die Luft ist angenehm kühl und ich bin neugierig, wie der Tag sich entfalten wird.

Eine halbe Stunde später weiß ich es. Auch die Lanteri Gören sind aus ihren Betten gekrochen und haben die Olivenbäume auf Nachbars Grundstück erobert. Glücklicherweise ist der Nachbar nicht da.
„Ciao, buongiorno!", grölen die Jungs herüber, als sie mich auf der Veranda sitzen sehen. Dabei schwingen sie ihre Arme wie Seefahrer kurz vor dem Untergang ihres Schiffs. Ich winke ihnen zu. Meine Morgenmeditation habe ich innerlich abgehakt. Noch im Schlafanzug kommt ein entnervter Andreas aus dem Haus. Mit beiden Händen fährt er sich durch sein zerzaustes, braunes Haar und wirft einen Blick zum Himmel, als ob von dort Unterstützung zu erwarten sei.
„Das darf ja wohl nicht wahr sein. Jetzt ist es gerade mal acht Uhr und die machen schon wieder Krawall da drüben. Ausschlafen können wir in diesem Urlaub wohl vergessen", jammert der Ärmste.
Andreas ist im Gegensatz zu mir ein Langschläfer. Ich habe jedoch Pläne. Schließlich wollen wir Italien kennenlernen. Bis um zwölf Uhr zu schlafen, wäre sowieso keine Option gewesen. Das behalte ich allerdings für mich. Inzwischen ist auch der Rest der Familie Lanteri zum Leben erwacht. Ein weiteres „Buongiorno!" schallt zu uns herüber, das wir höflich erwidern.

In Anbetracht der bereits wieder anschwellenden Geräuschkulisse beschließen wir, unser erstes Frühstück in Ruhe in einem Café direkt am See einzunehmen, da wir sowieso Garda und die nähere Umgebung erkunden wollen. Die von Platanen gesäumte Uferpromenade ist herrlich und lädt zum Flanieren ein. Unzählige Cafés und Restaurants reihen sich aneinander. Alle bieten einen wunderbaren Blick auf den See und den Hafen, in dem weiße Boote in mehreren Reihen auf den Wellen schaukeln. Das Wasser ist so klar, dass man die darin schwimmenden Fische genau erkennen kann. Ein Griff ins Wasser und man könnte ein fangfrisches Abendessen aus dem See holen. Aber wir wollen erst einmal frühstücken. Es ist noch wenig los so früh am Morgen. Wir wählen einen Tisch direkt unter einer Platane.

Beim Blick auf die Frühstückskarte verzieht Andreas das Gesicht. Das italienische Frühstück ist nicht gerade als kulinarischer Höhepunkt bekannt. Dementsprechend ist die Auswahl auf der Karte. Vollkornbrot ist darauf auf jeden Fall nicht zu finden. Daher einigen wir uns auf croissantartige Hörnchen mit Cappuccino. Lecker, finde ich. Ok, findet Andreas. Über eines sind wir uns allerdings einig: Das ist genau die entspannende Atmosphäre, die wir für einen guten Start in den Vormittag benötigen.

Voller Tatendrang schauen wir in meinen schlauen Reiseführer, der unsere Aufmerksamkeit auf den Hausberg von Garda lenkt. La Rocca, der 295 Meter hohe, zwischen Garda und Bardolino gelegene Tafelberg, verspricht einen spektakulären Ausblick auf den See. Also nichts wie los. Bei der Kirche am Ortsende von Garda soll es links abgehen. Allerdings können wir die im Reiseführer erwähnte Beschilderung nicht finden, biegen aber trotzdem links ab, da die Richtung ungefähr stimmen muss. Ein schmaler Weg führt über eine steile Treppe in den Wald hinein, vorbei an Schildern in italienischer Sprache, die wir nicht verstehen. Der Weg steigt steil an und ist ziemlich zugewachsen. Die offizielle Route ist das wohl nicht! Wenigstens kommt kein wild gewordener Hund mit Schaum vorm Maul aus dem Wald gerannt, um uns aus seinem Revier zu vertreiben oder in die Wade zu beißen. Trotz der angenehmen Kühle, die von den Bäumen ausgeht, beginnen wir zu schwitzen. Wir stoßen auf eine Straße, die in Serpentinen nach oben führt. Das ist vermutlich der Weg, den wir gesucht haben. Das Glück währt nicht lange und die Straße endet plötzlich. Ratlosigkeit. Was tut man, wenn man nicht weiter weiß? Pause machen. Wir setzen uns auf eine Bank und genießen die Aussicht auf Garda. Ein paar Wanderer ziehen an uns vorbei. Wir heften uns an ihre Fersen. Nach einem weiteren mühsamen Aufstieg erreichen wir endlich das Hochplateau von La Rocca. Für unsere Mühen werden wir belohnt. Wir überqueren eine Wiese mit bunten Blumen in den verschiedensten Farben. Schmetterlinge ziehen ihre Kreise von Blüte zu Blüte, flattern aufgeregt herum. Der erste Aussichtspunkt bietet uns einen grandiosen Blick auf die Bucht von Garda. Die Boote, die wir noch heute Morgen beim Frühstück gesehen haben, sind nur noch als weiße Punkte zu erkennen, die auf dem leuchtend türkisblauen Wasser in der Sonne glitzern. Wir lassen uns im Schatten eines Baumes nieder. An den Stamm gelehnt schauen wir staunend hinunter.

Der zweite Aussichtspunkt gewährt einen ebenso fantastischen Blick auf die Bucht von Bardolino.

„Ich hab Hunger", quengelt Andreas. Mit leerem Magen ist er nur schwer zu ertragen. Daher treten wir den Abstieg zurück nach Garda an. Auch diesmal finden wir den ausgewiesenen Weg nicht und folgen zuerst einem zugewachsenen Waldweg, der in einen Feldweg übergeht. Zwischen zwei Privatgrundstücken führt uns eine Art Schotterpiste zurück nach Garda. Wir überlegen gerade, welchem der kleinen Restaurants an der Uferpromenade wir den Vorzug geben wollen, als eine Hand auf Andreas' Schulter herunterschnellt und diese freundschaftlich klopft. Vor uns steht der stämmige Paolo.
„Ciao Andrea!", ruft er freudestrahlend.
Andreas verzieht das Gesicht zu einem schmerzlichen Grinsen. Ich weiß nicht so recht, ob ihm gleich die Schulter abfällt oder ob es ihm peinlich ist, dass ihn jemand in der Öffentlichkeit mit einem Frauennamen anspricht.
„Wie geht es euch?", fragt der Sizilianer in gebrochenem Deutsch. Er scheint meinen lieben Bruder ins Herz geschlossen zu haben, denn er sagt zwar „euch", schaut dabei aber nur Andreas an. Nach einem Smalltalk in einer Mischung aus gebrochenem Deutsch und noch gebrochenerem Italienisch verabschieden wir uns. Sofort flüchten wir in das nächste Restaurant.
„Verfolgt der uns?", flüstert Andreas mir zu, „so klein ist Garda doch nicht, dass man sich ständig über den Weg läuft."

„Och, ich finde den eigentlich ganz nett. Er meint es doch gut und will freundlich sein", verteidige ich unseren temporären Nachbarn, „die Italiener sind sehr aufgeschlossen. Nicht so wie die Deutschen, die man erst mal zehn Jahre kennen muss, damit sie einen auf der Straße grüßen."

„Ach", antwortet Andreas mürrisch, „ich will einfach nur in Ruhe Urlaub machen."

Ich erinnere mich an das Gezeter von Ex-Freundin Janine. Oft beklagte sie sich, dass mein Bruder Scheuklappen habe und sie nicht an Kontaktarmut zugrunde gehen wolle.

„Na dann", schlage ich vor, „nehmen wir doch das nächste Schiff und fahren rüber nach Sirmione. Dann bekommen wir mal was vom See zu sehen." Gesagt, getan.

Die Touristenboote klappern nacheinander die schmucken Orte ab, die sich am Seeufer entlang aneinanderreihen wie die Teile einer Perlenkette. Die Besichtigungstour auf See erspart uns eine umständliche Autofahrt. Wir haben das romantische Städtchen Sirmione als Ziel ausgewählt, das auf einer schmalen Landzunge erbaut ist, die weit in den See hineinragt. An der Spitze der Landzunge sind die Grotten des Catull zu finden, die Überreste einer römischen Villa. In den verwinkelten Gassen im alten Ortskern geht es sehr lebendig zu. Wir besichtigen die Skaligerburg, von deren Turmspitze aus man die herrliche Umgebung bewundern kann. Dann spazieren wir am Seeufer entlang zu den nach dem Poeten Catullus benannten Grotten, die Andreas sich näher betrachten will. Ich finde wenig Gefallen an alten Steinen, aber es ist schön zu sehen, wie Andreas aufblüht. Mein Gefährte kann sich nicht zurückhalten. Bis ins Detail werde ich darüber aufgeklärt, wie es dazu kommen konnte, dass im Laufe der Jahre eine prachtvolle italienische Villa auf ein paar Stützmauern und Säulen reduziert wurde.

„Du bist ja richtig lebendig geworden", werfe ich überrascht ein.

Andreas strahlt über das ganze Gesicht und meint:

„Ich finde es toll hier und einen Bonus hat das Ganze: Lanterifreie Zone!"

„Setzen dir unsere Nachbarn so zu? Ich finde sie nett. Sie sind einfach – wie soll ich sagen – sehr italienisch", sinniere ich vor mich hin, „was hast du erwartet? Wir sind nun mal in Italien."

„Ich habe auch nichts gegen sie", verteidigt sich mein Gegenüber, nachdem ich das Offensichtliche kundgetan habe, „ich möchte kein Megafon benutzen, wenn ich mit dir beim Abendessen sitze. Das nächste Mal mieten wir ein freistehendes Haus. Dann haben wir wenigstens unsere Ruhe", jammert er weiter.

Wie soll ich Andreas beschreiben? Wenn er einen einmal ins Herz geschlossen hat, ist er der verlässlichste und netteste Mensch, den es gibt. Er ist korrekt, gibt immer pünktlich seine Steuererklärung ab, flucht nicht in der Öffentlichkeit und bleibt in den meisten Situationen gelassen. Aber er schätzt eben seine Privatsphäre und mag es nicht, wenn jemand, den er nicht gut kennt, gleich zu vertrauensselig wird. Leider wissen das unsere italienischen Nachbarn nicht.

Jetzt müssen wir uns beeilen, um das letzte Schiff zu erreichen, das zurück nach Garda fährt. Im Stechschritt marschieren wir durch Sirmione. Als wir am Hafen eintreffen, wartet bereits eine Menschentraube vor dem Landesteg und das Schiff lädt gerade die letzten Gäste ab. Puh, gerade noch geschafft. Wir gehen fast als Letzte an Bord. Erschöpft lassen wir uns auf ein paar Stühle auf dem Oberdeck plumpsen. Langsam versinkt die Sonne als glühender, orangefarbener Ball hinter den Brescianer Alpen und taucht den Gardasee in sanftes Licht.

„Wollen wir in Garda noch etwas essen gehen? Ich habe da vorhin ein schönes Restaurant gesehen", schlägt Andreas vor.

Nach einem gemütlichen Abendessen schlendern wir noch durch die winkeligen Gassen des Städtchens, in denen sich kleine Souvenirläden, überfüllte Bars und gemütliche Restaurants abwechseln. Der laue Abend hat viele Menschen auf die Straße gelockt. Die helle Straßenbeleuchtung und die teilweise etwas kitschigen Geschäfte lassen die romantischen Gässchen wie den Schauplatz einer Oper erscheinen. Müde von dem langen Tag treten wir den Heimweg an. In der Nachbarwohnung ist es still. Anscheinend sind auch die Lanteris schon zu Bett gegangen. Nur der Kuckuck ist noch wach und ruft uns in den Schlaf.

Lanteri Alarm

„Hey, du Schlafmütze, willst du nicht mal aufstehen?", rufe ich frisch ausgeruht. Andreas ist nicht wach zu bekommen. Das sind wohl die Nachwehen der langen Fahrt. Er dreht sich grummelnd im Bett um. Ich krieche aus den Federn, um mich zu meiner Morgenmeditation auf die Veranda zu setzen. Die Sonne scheint bereits kräftig, die Vögel zwitschern und am Swimmingpool hüpft ein Frosch entlang. Oh, denke ich gerade, hoffentlich hüpft der nicht gleich in den Pool, als nebenan das Getöse anfängt. Die drei Orgelpfeifen kommen aus dem Haus gestürmt. Der Frosch zuckt erschrocken zusammen, hüpft um sein Leben und verschwindet im Gebüsch. Jedoch nicht ungesehen. Massimo mit der großen Klappe zeigt aufgeregt auf das davonspringende Tier, das vor den heraneilenden Jungen flüchtet. Glücklicherweise hat der grüne Hüpfer sich bereits in Sicherheit gebracht, als die drei an dem Gebüsch ankommen. Da es dort sonst nichts Spannendes zu sehen gibt, müssen nun wieder die Olivenbäume des Nachbarn herhalten. Tarzan wäre neidisch geworden bei diesen Kletterkünsten. Die drei Geschwister sind tatsächlich sehr unterschiedlich. Die einzige Gemeinsamkeit, die sie verbindet, sind ihre schwarzen, lockigen Haare. Paolo Junior ist recht sportlich und hat für seine fünfzehn Jahre bereits eine sehr männliche Statur. Massimo hat nicht nur ein großes Mundwerk sowie eine durchdringende Stimme, sondern auch einen opulenten Bauchansatz. Dadurch wirkt er etwas behäbig, was ihn nicht davon abhält, Bäume zu erklimmen. Die Äste biegen sich zwar bedenklich, können dem Gewicht aber trotzdem standhalten. Andrea, der Jüngste der Bande, ist etwas schmächtig. Sicherlich schnappt ihm sein größerer Bruder regelmäßig die Essensrationen weg. Da Andreas immer noch tief schlummert, nehme ich allein ein Minifrühstück ein, um mich frisch gestärkt mit einem spannenden Krimi an den Pool zu legen.

Ich überquere gerade mit meinen Badesachen den Hof, als Nonna Lanteri meinen Weg kreuzt. Sie muss mindestens fünfundsiebzig sein. Die alte Frau ist nicht mehr besonders gut zu Fuß, aber wild entschlossen, mich abzufangen, um mich in ein Gespräch zu verwickeln. Wann lernt man in dem Alter

schon neue Leute kennen? Mit gebeugtem Rücken, einer bunten Küchen-
schürze bekleidet und ihr dünnes, graues Haar zu einem Dutt gezwirbelt,
kommt sie unsicheren, aber gezielten Schrittes auf mich zu. Zahnlos lächelt
sie mich an: „Buongiorno, signorina!"
Freudestrahlend schüttelt sie mir die Hand. Ich schiele nach links und
rechts, aber es gibt kein Entkommen. Ich merke schnell, dass das Vokabular
eines Italienischkurses für Anfänger doch recht begrenzt ist. Nonna scheint
es aber nicht zu stören, dass ich sie weder richtig verstehen, noch in voll-
ständigen Sätzen antworten kann. Denn sie will sich mit mir unterhalten.
Gerettet werde ich am Ende von Mutter Angela, die Nonna zu sich in die
Küche ruft und mir freundlich zuzwinkert.

Endlich erreiche ich die Liege am Pool und lasse mich mit meinem Krimi
im Halbschatten nieder. Mein Bruder hat mittlerweile sein warmes Bett
gegen den sonnenerwärmten Liegestuhl eingetauscht.
„Na, ausgeschlafen um halb zwölf?", frotzele ich.
„Das habe ich mal gebraucht", seufzt er, während er sich mit halb geschlos-
senen Augen auf der Sonnenliege aalt.
Plötzlich springt er wie von einer Tarantel gestochen auf.
„Lanteri Alarm!", zischt er mir zu. Bevor ich richtig reagieren kann, spurtet
er schon auf den Eingang unserer Ferienwohnung zu. Ich blicke erstaunt
auf, begreife aber sofort, was los ist: Paolo Senior ist im Anmarsch auf der
Suche nach einem Gespräch von Mann zu Mann. Mein liebes Brüderchen
flüchtet. Doch kurz bevor er die schützende Haustür erreicht, hat Paolo ihn
schon eingeholt und mit einem kumpelhaften Schulterklopfen begrüßt.
Ich grinse.
„Warum soll es dir besser gehen als mir?", murmele ich vor mich hin. Resig-
nation und Schicksalsergebenheit machen sich auf Andreas' Gesicht breit.
„Andrea, Kumpel, wie geht es dir?", tönt Paolo. Dabei rollt er das „r" so,
dass es wie Donnergrollen klingt. Bei dem Wort „Andrea" kann ich von
Weitem sehen, wie mein armer Bruder den Kopf einzieht. Er hasst es. Der
Familienchef zeigt sich von alldem unbeeindruckt. Eine feine Antenne für
das Subtile scheint er nicht zu haben. Stattdessen will er unbedingt seine
Lebensgeschichte loswerden.
„Sechs Jahre habe ich in Stuttgart gelebt", berichtet er voller Stolz, „ich fast
wie Schwabe geworden, gell?"

Er stößt ein dröhnendes Lachen aus und klatscht dabei begeistert in die Hände. Sein eigener Witz scheint ihn köstlich zu amüsieren. Andreas hingegen vermittelt den Eindruck, als habe er in eine unreife Zitrone gebissen.

Höchst amüsiert verfolge ich das Ganze. Dabei wandert mein Kopf wie bei einem Tennismatch stetig zwischen den beiden Männern hin und her. Ein bisschen Mitleid mit Andreas habe ich schon. Aber nur ein bisschen. Schließlich ist mir ein Gespräch mit Nonna auch nicht erspart geblieben.

„Meine Frau nix wollte bleiben. Da sind wir nach Sizilien zurück", fährt der gesprächige Italiener in angeregtem Plauderton fort. Dabei scheint ihm nicht aufzufallen, dass er über uns noch gar nichts weiß. Angela ruft irgendwann aus der Küche heraus, Paolo solle gefälligst zum Mittagessen erscheinen. Sein Gesprächspartner nimmt die Gelegenheit zu einem erneuten Fluchtversuch wahr. Diesmal verschwindet er endgültig in unserem Domizil.

Ich habe die Haustür erst halb geöffnet als mir schon entgegenschallt: „An diesen Pool leg ich mich nicht mehr. Nicht, wenn die da sind. Da krieg ich die Krise!"
„Ein bisschen anstrengend sind sie schon", gebe ich zu, „aber jetzt übertreib es mal nicht. Wir sind hier im Urlaub, nicht auf der Flucht. Außerdem werden wir in den nächsten Tagen viel unterwegs sein. Und überhaupt: Wir sind in Italien und da gibt es nun mal Italiener", tue ich erneut das Offensichtliche kund.
„Ha, ha, darauf wäre ich nie gekommen", mault mein Reisebegleiter, „aber die anderen Italiener sind bestimmt nicht alle so nervig. Was machen wir denn nun mit dem angebrochenen Tag. Also, an den ..."
Weiter kommt er nicht.
„Ja, ja, ich weiß schon", unterbreche ich, „an den Pool legst du dich nicht mehr. Aber wir könnten stattdessen eine kleine Wanderung machen."

Sackgasse – der verschwundene Weg

Wenn ich im Urlaub bin, bin ich voller Tatendrang. Ich halte es nicht länger als zwei Stunden am Strand oder Pool aus. Glücklicherweise sind wir beide keine Dauerstrandlieger. Auf meinem Programm steht als Nächstes die Punta San Vigilio, ein paradiesisches Fleckchen Erde in Form einer Landzunge nördlich von Garda, auf der ein edles Hotel mit Café, Restaurant und Privatstrand liegt. Unser Reiseführer informiert uns, dass man dieses kleine Paradies von Garda aus zu Fuß erreichen kann, und zwar indem man immer schön am Seeufer entlang marschiert. Genau das Richtige für diesen sonnigen Nachmittag. Wir brechen auf. Zuerst schlendern wir unseren steilen Weinberg hinunter, der meine Kniegelenke jedes Mal aufs Neue herausfordert. In Garda wandern wir die Uferpromenade mit den vielen Cafés und Restaurants entlang, die uns nun schon so vertraut ist, dann am Hafen vorbei. Bald ist der geteerte Weg zu Ende. Wir marschieren zügig voran. Der Kies knirscht unter unseren Sportschuhen. Der See präsentiert sich immer wieder in verschiedenen Perspektiven. Der Tafelberg erhebt sich majestätisch hinter der von Platanen und Palmen gesäumten Promenade. Segeljachten und Motorboote sind auf dem See unterwegs, ihre Besitzer sonnen sich auf den Decks. Das Thermometer steuert die Dreißiggradmarke an. Sommerstimmung. Flüchtig denke ich an meine daheimgebliebenen Freunde und Kollegen, die bei vierzehn Grad und Regen frieren. Gedankenverloren spazieren wir an Sonnenanbetern vorbei, die sich hinter dem hohen Schilf ein geschütztes Plätzchen gesucht haben. Wir haben Garda schon längst hinter uns gelassen. Der Kiesstrand wird immer schmaler, sodass wir hintereinander gehen müssen. Rechts von uns zieht sich eine Mauer am See entlang, an der in regelmäßigen Abständen Schilder mit der Aufschrift „Privado" prangen. Durch eine Lücke kann man dahinter ein riesiges, verwildertes Grundstück mit verwachsenen Olivenbäumen erkennen. Links davon schwappt das glasklare Wasser des Sees in regelmäßigen Wellenbewegungen an den Strand. Das Wasser kommt immer näher, der Kiesweg wird immer schmaler, bis er nur noch dreißig oder vierzig Zentimeter breit ist.

Ich runzle die Stirn und drehe mich zu meinem Gefährten um: „Was machen wir denn jetzt? Da vorne an der Ecke scheint der Strand ganz aufzuhören."

Wenige Meter vor uns schwappt nun das Wasser direkt gegen die Mauer des Privatgrundstücks. Aber Andreas hat nun die Abenteuerlust gepackt. So kenne ich ihn gar nicht. Der Andreas, den ich trotz schwesterlicher Liebe als eher übervorsichtig und undynamisch einstufe, der nie im Halteverbot parkt und auch sonst keine Risiken eingeht, stapft plötzlich vor meinen Augen mit Sportschuhen an den Füßen durch das wadenhohe Wasser, um nachzusehen, ob der Weg tatsächlich nicht weitergeht. Ich bin sprachlos. Schweigend schaue ich ihm nach. Nach wenigen Minuten kehrt er zurück und sieht aus wie ein Bundeswehrsoldat im Nahkampftraining. Die Khakihose bis zu den Knien hochgekrempelt, Rucksack auf dem Rücken und mit Schuhen, aus denen das Wasser trieft.

„Los, auf geht's", winkt er mir zu, „wir müssen nur ein paar Meter durchs Wasser waten. Da hinten geht der Kiesweg weiter."

Diese plötzliche dynamische Entwicklung überrascht mich so, dass ich ihm einfach hinterher tapse, ohne Fragen zu stellen. Normalerweise will ich immer genau wissen, warum ich etwas tun soll und ob sich der Aufwand tatsächlich lohnt. Eigentlich stolpere ich ihm mehr hinterher, denn schon nach dem ersten Schritt ins Wasser haben sich meine Walkingschuhe natürlich mit selbigem vollgesogen. Jedes Mal, wenn ich ein Bein anheben will, wird dieses von dem mit Wasser vollgesaugten Schuh wieder nach unten gezogen, was mich etwas aus dem Gleichgewicht bringt. Außerdem sind es nicht nur ein paar Meter, sondern ein paar Hundert Meter, die wir uns so fortbewegen müssen. Verflixte Kiste, eigentlich wollten wir doch nur etwas am Gardasee spazieren gehen. Oder habe ich da etwas falsch verstanden? Endlich erreichen wir das rettende Kiesufer, das allerdings höchstens einen halben Meter breit ist. Auch der halbe Meter bleibt uns nicht lange erhalten, denn schon hinter der nächsten Kurve hat der See sich wieder bis zur Mauer hin ausgebreitet. Also wieder ab ins Wasser. Weiterwaten. Andreas nimmt meine Hand und zerrt mich weiter. I am not amused. Wir erreichen eine Art Miniprivatstrand mit Bootsanlegestelle. Gleich dahinter ragen direkt neben der Mauer ein paar bizarre Felsblöcke in den See. Hier ist unser Spaziergang endgültig vorbei. Ich bin etwas angesäuert, da die Aussicht, dieselbe Strecke zurückzulaufen, mich absolut nicht erfreut.

Nicht weit von der Bootsanlegestelle hat ein weißes Sportboot Anker geworfen, auf dem sich zwei Jungen und eine Badenixe im knappen Bikini zum Sonnen ausgestreckt haben. Die beiden Jünglinge, zwei aparte Italiener, haben uns schon bemerkt. Der in der schwarz-rot gemusterten Badehose versucht, seinen athletischen Körper im Blickfeld der Nixe zu posieren. Sein mit knallgelben Shorts bekleideter Freund zeigt zu uns herüber. Vermutlich amüsieren sie sich darüber, warum zwei unbedarfte Touristen mit Schuhen im Gardasee herumwaten. Ehrlich gesagt stelle ich mir gerade dieselbe Frage. Aber Andreas ist in seinem Element. Er will sogar noch die nahegelegenen Felsen erklimmen, um nachzusehen, ob es eine Möglichkeit gibt, weiterzukommen.

„Nein", protestiere ich lautstark und stampfe entschlossen mit dem Fuß auf, wobei aus meinem Schuh Wasser spritzt, „sonst muss ich dich nachher noch aus dem Gardasee fischen! Wir gehen jetzt zurück."

Ich habe mich bereits auf Wassertreten mit Schuhen eingestellt, als die Italiener auf dem Boot aktiv werden. Offenbar hat mein trotziger Auftritt die Aufmerksamkeit des Trios auf uns gelenkt. Die beiden Don Giovannis winken zu uns herüber, wild entschlossen, ihre Englischkenntnisse an uns zu erproben. Auf ihre Frage, wohin die Reise gehen soll, antworten wir: „Zur Punta San Vigilio – hier soll eigentlich der Weg sein."

„Hier geht es nicht weiter", bemerken die Jungen voller Stolz, als ob sie uns gerade eine brandneue Information geliefert hätten. Tatsächlich? Ich stehe voll beschuht bis zu den Waden im Wasser! Darauf wäre ich nicht gekommen. Ironische Untertöne hätten die beiden mit ihren kümmerlichen Englischkenntnissen vermutlich nicht identifizieren können. Ich frage mich gerade, welche intelligente Aussage wir als Nächstes erwarten dürfen, als der athletische Don Giovanni vorschlägt:

„Wir können euch kurz rüber fahren nach San Vigilio. Ist nicht mehr weit, aber zu Fuß ist bei dem Wasserstand nichts zu machen."

Das entzückt mich so, dass der Jüngling in der schwarz-roten Badehose sofort in meiner Achtung steigt. Für ihn wäre ich sogar bis zu den Knien durchs Wasser gewatet. Aber das ist nicht notwendig. Sie fahren mit dem Boot an den Steg heran, damit wir an Bord springen können. Tatsächlich: Fünf Minuten später erreichen wir die Anlegestelle von San Vigilio. Unser Taxitrio braust winkend wieder davon. Mein Bruder blickt ihnen traurig nach. Er scheint die Badenixe zu vermissen.

Wir suchen uns einen freien Tisch im Café, das direkt an dem kleinen Hafen liegt. Die Tische sind unter einer Holzkonstruktion aufgestellt, die mit wildem Wein überwuchert ist und dadurch wirkt wie ein Schatten spendender Baldachin. Der Kellner verzieht keine Miene.

„Darf es etwas zu Trinken sein?", fragt er mit gespitzten Lippen. Ich bin mir nicht sicher, ob ihm unsere triefenden Schuhe nicht aufgefallen sind oder ob er ein Training als englischer Butler absolviert hat und deshalb mit ausdruckslosem Gesicht selbst über die größten Absurditäten hinwegsehen kann. Vermutlich Letzteres, denn unter unseren Schuhe bilden sich trotz der Hitze kleine Wasserlachen. Ich stelle mir den Gesichtsausdruck des Kellners vor, wenn wir tatsächlich zwischen dem Schilf am Ufer aufgetaucht wären – wie Neptun aus den Tiefen des Meeres.

Wir jedenfalls bekommen einen leckeren Cappuccino serviert, den wir entspannt genießen. Außer dem Café gibt es noch ein exklusives Hotel mit nur sieben Zimmern sowie ein stilvolles Restaurant in San Vigilio.

„Wenn ich mal heirate, dann darfst du mir einen Aufenthalt hier schenken", flachse ich, „und dann fahre ich mit meinem Bräutigam mit einem Oldtimer-Cabrio durch diese mit Zypressen gesäumte Allee."

„Ich werd's mir überlegen", meint Andreas trocken, „immer schön der Reihe nach. Such dir erst mal den Bräutigam."

Auch wieder wahr, aber Träumen ist ja wohl erlaubt.

Der Nachmittag neigt sich dem Ende zu. Wir haben noch einen längeren Fußweg vor uns, da wir unser Wassertaxi für den Rückweg leider nicht mehr in Anspruch nehmen können. Deshalb müssen wir ein Stück an der Gardesana Orientale entlanggehen. Die Gardesana ist so etwas wie die Schwarzwaldhochstraße des Gardasees. Sobald die Sonne lacht, rollen Tausende von Touristen und italienischen Ausflüglern aus der näheren und weiteren Umgebung mit ihren Autos auf ihr rund um den See. Man kann es ihnen nicht verdenken. Es ist traumhaft hier, aber neben den vorbeibrausenden Autos an der Straße entlang zu laufen, macht keinen Spaß. Glücklicherweise können wir schon bald erneut zum Ufer hinab steigen, wo der Kiesstrand wieder eine normale Breite erreicht hat. Ein herrlicher Nachmittag war das.

So herrlich, dass wir die Lanteris kurzfristig vergessen haben. Wir sind erschöpft von der langen Wanderung. Schon als wir uns die letzten Meter der steilen Via Cortina hinauf quälen, ertönen die lauten Stimmen der drei sizilianischen Orgelpfeifen. Wieder sind sie dabei, die Olivenbäume des Nachbarn zu bezwingen. Diese Bäume müssen schon uralt sein und haben bestimmt im Laufe der Jahre einiges mitgemacht. Ich frage mich, ob sie eine weitere Woche mit den drei Rabauken überstehen werden.

Festgenagelt

Wir versuchen, ungesehen ins Haus zu schleichen. Andreas hat Glück. Ich nicht. Nonna hat mich wohl nach unserem letzten, etwas einseitigen Gespräch in ihr riesiges italienisches Großmutterherz geschlossen. Wie ein Wegelagerer stürzt sie sich auf mich, sobald ich den Hof betrete. Sie hält mich am Arm fest und meint „allora", ich solle einen Kaffee mit ihr trinken. Zufällig habe sie gerade welchen gekocht. Hilfesuchend sehe ich mich um. Andreas, der Verräter, hat seine Chance genutzt und ist in unserer Ferienwohnung verschwunden. Diesen Vorfall muss ich unbedingt auf meine Schwarze Liste setzen, um ihn bei Gelegenheit meinem Brüderchen unter die Nase zu reiben. Angela, mein Rettungsengel vom Vortrag, ist nirgends zu sehen. Vermutlich hält sie Mittagsschlaf. Paolo Senior liegt auf einer Sonnenliege am Pool. Eine Zeitung ist über seinem nicht gerade flachen Bauch ausgebreitet. Sie hebt und senkt sich mit jedem Atemzug, begleitet von lautem Schnarchen. Wie er es geschafft hat, bei diesem Lärmpegel einzuschlafen, ist mir schleierhaft. Nonna ist offensichtlich von Langeweile gequält, als wir zum Hoftor hereinkommen. Ich begreife sofort, dass es hier kein Entrinnen gibt. Wie ein Lamm auf dem Weg zur Opferbank trotte ich hinter ihr her. Außerdem verbietet mir meine anerzogene deutsche Höflichkeit, die arme, alte Frau einfach stehen zu lassen. Also versuche ich, das Ganze optimistisch zu betrachten, als kostenlose Italienischstunde sozusagen. Ganz so einfach ist es nicht. Zu dem viel zu schnellen Sprachtempo kommt noch ihr sizilianischer Akzent, den man uns in der Volkshochschule nicht beigebracht hat. Ich versuche, zumindest ein paar Sprachfetzen zu verstehen, damit ich wenigstens im richtigen Moment höflich nicken kann. Immer wenn es mir passend erscheint, werfe ich ein wohlwollendes „si, si" ein und nicke verständnisvoll. Das hat allerdings den Effekt, dass Nonna, die mich anscheinend als ihre neue Busenfreundin betrachtet, sich noch bestärkt fühlt. Ich habe meinen Kaffee schon längst getrunken, sie hat ihren noch nicht angerührt. Immer wieder schiele ich zu unserer Eingangstür, in der Hoffnung, dass Andreas' Erscheinen mir eine Ausrede zum Rückzug bietet. Nichts.

Am Ende kommt mir doch Angela zur Hilfe. Sie erscheint frisch ausgeruht in der Tür und bittet Nonna, ihr bei der Vorbereitung des Abendessens zu helfen. Ich frage mich, wie diese Frau es mit einer solchen Familie aushalten kann. Neugierig beäuge ich die Sizilianerin. Sie ist klein, zierlich, hat ein paar Fältchen im Gesicht, ist aber eigentlich sehr hübsch. Ihre dunklen, lockigen Haare reichen ihr bis über die Schultern. Mein suchender Blick wandert über ihr Gesicht. Ich kann keine Anzeichen von Stress oder Unglücklichsein entdecken. Nonnas Aufmerksamkeit ist kurz von mir abgelenkt. Ich nutze die Chance, um mich hastig zu verabschieden. Die beiden Frauen winken mir nach. Nonnas Miene lässt Bedauern erkennen.

Ich trete in unsere Ferienwohnung ein, schließe die Tür hinter mir und atme tief durch. Stille. Andreas ist nirgends zu sehen. Also gehe ich ins Schlafzimmer hoch. Da liegt er: alle Viere von sich gestreckt in voller Montur auf seinem Bett und schlummert entspannt vor sich hin.

Ich stehe in abwartender Haltung im Türrahmen und beobachte, wie er die Augen aufschlägt.

„Danke für deine Unterstützung vorhin", platze ich heraus. Mein Gegenüber sieht mich verschlafen an:

„Du sahst aus, als ob du alles im Griff hättest. Ich glaube, Nonna mag dich. Ich hatte den Eindruck, dass ihr euch prächtig versteht. Vielleicht nimmt sie dich sogar mit nach Sizilien."

Inzwischen hat sich ein freches Grinsen auf seinem Gesicht breitgemacht. Ich stemme empört meine Hände in die Hüften. Meine Augen sind vor Ärger zusammengekniffen.

„Dafür schuldest du mir ein Abendessen", zische ich.

„Ich weiß gar nicht, was du hast", antwortet Andreas unschuldig, „du sagst immer, dass die ganz nett sind, dass sie es bloß gut meinen und dass Italiener eben aufgeschlossen sind. Da dachte ich, jetzt lasse ich dir mal deinen Spaß, aber Frauen kann man es ja nie recht machen." Was soll ich darauf antworten? Voll erwischt. Mir fällt kein Gegenargument ein. Andreas ist gnädig und spendiert mir trotzdem ein tolles Abendessen. Oberhalb von Garda liegt das Dörfchen Costermano in die Weinberge eingebettet. Ein Restaurant mit herrlichem Panoramablick auf den See bietet die leckerste Pizza an, die man sich vorstellen kann. Ein kostenloser, beeindruckender Sonnenuntergang verleiht der Mahlzeit den idealen Rahmen. Was will man mehr von einem schönen Urlaub?

Unterwegs auf der Gardesana

„Ich hätte Lust, einmal um den See herumzufahren", verkünde ich voller Elan.

„Gute Idee", stimmt mir Andreas ausnahmsweise sofort zu.

Nachdem wir die unmittelbare Umgebung von Garda etwas erkundet haben, wollen wir gerne die anderen Orte am Seeufer kennenlernen. Die Gardesana Orientale führt uns nach Norden.

Das charmante Fleckchen Torri del Benaco ist unser erster kurzer Zwischenstopp. Die wuchtige Skaligerburg, die das Ortsbild beherrscht, wollen wir uns aus der Nähe betrachten. Bei der Gelegenheit drehen wir eine kleine Runde durch die Altstadt. Ich will schon auf ein Geschäft mit handgemachten Keramikarbeiten zusteuern, als Andreas zum Aufbruch drängt.

„Warum ergreifen Männer eigentlich immer die Flucht, wenn Frauen nur mal kurz etwas schauen wollen in einem Geschäft?", will ich bei dieser Gelegenheit von meinem Reisebegleiter wissen.

„Weil", antwortet dieser, „dann aus diesem kurz ,mal schauen' ein stundenlanger Einkaufsbummel wird, ihr nie entscheiden könnt, was ihr wollt und wir Männer uns zudem noch Däumchen drehend die Beine in den Bauch stehen dürfen." Ich schweige beleidigt, was ihm gar nicht auffällt.

Malcésine, unsere nächste Station auf dem Weg nach Norden, ist ein mittelalterliches Städtchen mit verwinkelten Gassen und Kopfsteinpflaster. Kleine Geschäfte laden zum Bummeln ein. Der alte Ortskern beherbergt mehrere Cafés unter einer riesigen Kastanie, in denen man stundenlang verweilen könnte.

Wir wollen weiter nach Riva an die nur zwei Kilometer breite Nordspitze des Sees. Dort erinnert die Landschaft mehr an ein Fjord, hinter dem sich gewaltige Berge auftun. Wir stellen unser Auto auf einem Parkplatz ab, um einen Rundgang zu machen. Die Badesaison hat noch nicht richtig begonnen. Daher sind nur wenige Besucher auf der Uferpromenade unterwegs. Lediglich ein paar Sonnenhungrige haben sich bereits in Badebekleidung hingelegt. Wir bummeln gemütlich am Ufer entlang. Ein Schild mit der Aufschrift „Riccardos Surfschule" sticht uns ins Auge.

„Komm, lass uns windsurfen gehen", ruft Andreas spontan. In seinen Augen flackert Abenteuerlust. Ich runzle erstaunt die Stirn. Noch nie habe ich meinen Reisegefährten auf einem Surfbrett gesehen. Krampfhaft versuche ich, mich zu erinnern, ob er wohl einmal davon berichtet und ich es vergessen habe. Keine Erinnerung.

„Ich wusste gar nicht, dass du surfen kannst", bemerke ich überrascht.

„Och", meint er, „ich habe doch da mal mit Janine einen Kurs gemacht. Damals hat das ganz gut geklappt. Ist zwar schon eine Weile her, aber das ist nicht so schwer." Ich schüttle den Kopf. Der Andreas, der keine unüberlegten Entscheidungen trifft, ohne vorher alle Risiken abzuwägen, will ganz plötzlich spontan surfen gehen, obwohl er das seit Jahren nicht mehr getan hat.

„Na gut", höre ich mich sagen. Moment! Habe ich tatsächlich gerade „ja" gesagt? Ich kann doch gar nicht surfen! Habe noch nie auf einem Surfbrett gestanden! Weder vor ein paar Jahren noch sonst irgendwann. Zu spät. Mein Bruderherz ist bereits losgezogen, um zwei komplette Ausrüstungen auszuleihen. Wir zwängen uns in die Surfanzüge. Das Gemeine ist: Männer sehen darin sportlich aus. Wir Frauen mit ein paar Rundungen wie eingequetschte Leberwürste. Egal, hier geht es nicht um Stil, sondern ums Überleben.

Wir legen uns auf die Bretter und paddeln ein Stück hinaus. Der nördliche Gardasee ist beliebt bei Windsurfern, aber nicht unbedingt ideales Terrain für Anfänger. Andreas ist sich seines Übermutes bewusst.

„Bleib du mal auf dem Brett sitzen. Ich probiere es zuerst aus und zeige ich dir dann, wie es geht", schlägt er vor. Sitzenbleiben klingt prima! Andreas springt auf, versucht sein Segel hochzuziehen und landet Hals über Kopf im Wasser. Super, denke ich mir, mein Surflehrer ist gerade kopfüber im Gardasee versunken. Prustend taucht er wieder auf.

„Ist schon ein Weilchen her", meint er bedauernd.

„Ja, so zehn bis zwanzig Jahre ungefähr", entgegne ich spöttisch.

Nach ein paar Fehlversuchen steht mein privater Surflehrer endlich im richtigen Winkel auf dem Brett. Jauchzend saust er davon. Verdammt, ist das schnell! Da wird mir schon vom Zuschauen bange.

„So, jetzt bist du dran", ruft er mir zu.

„Nichts wie los", antworte ich mit wenig Überzeugung.

Ich versuche krampfhaft, das Segel in eine mehr oder weniger senkrechte Position zu bekommen und dabei auch noch selbst auf dem Brett stehen zu bleiben. Entweder verliere ich das Gleichgewicht, das Segel oder beides zusammen. Nach einer Stunde bin ich noch keinen Meter gesurft. Lediglich die Strömung hat mich etwas abgetrieben. Hoffentlich kann uns Riccardo nicht sehen! Sicher würde er den Verlust seiner Ausrüstung befürchten. Irgendwann geschieht das Wunder. Mir gelingt es tatsächlich, mein Segel aufzurichten, ohne ins Wasser zu fallen. Da erfasst mich eine Windböe und ich schieße in einem Affentempo über den See. Verzweifelt klammere ich mich an den Griff des unstabilen Sportgeräts. Ein weiterer Windstoß wirft mich aus der Balance. Zuerst platscht das Segel ins Wasser, dann ich.

„Alles ok?", ruft Andreas besorgt.

Eine großzügige Portion Seewasser verschlägt mir zunächst die Sprache. „Noch alles dran!", keuche ich prustend, „aber mir reicht es. Ich hab keine Kraft mehr, außerdem fühlt sich das Wasser verdammt hart an, wenn man ständig hineinfällt."

„Geh doch schon mal zurück zum Ufer. Ich drehe noch ein paar Runden und komme dann nach", entlässt er mich gnädig. Ist mir recht. Ich sehne mich nach trockenen Kleidern und einem Cappuccino.

Mit Ach und Krach paddle ich zur Strandpromenade zurück. So würdevoll wie möglich versuche ich, aus dem Wasser zu steigen, was mir nicht so recht gelingen will. Riccardo eilt mir zur Hilfe, als ich gerade auf allen Vieren aus dem See krabble. Ich bin mir nicht sicher, ob er höflich sein will oder ob er Angst hat, doch noch im letzten Moment seine Ausrüstung zu verlieren. Auf jeden Fall ist er Kavalier genug, um trotz meines peinlichen Auftritts keine Miene zu verziehen. Ich ziehe mich um. In Riccardos Coffeeshop warte ich auf die Belohnung für meine Mühen.

Der Kellner hat gerade eine Tasse Cappuccino mit frisch aufgeschäumter Milch vor mir auf den Tisch gestellt, als ein gutaussehender Mann Anfang dreißig mit hellbraunem, lockigem Haar und strahlend blauen Augen das

Café betritt. Er schaut sich kurz um, steuert dann zielstrebig auf den Tisch neben meinem zu und lässt sich auf einen Stuhl fallen. Es muss wohl ein Stammgast sein, denn der Kellner nähert sich mit einem Tablett. Unaufgefordert stellt er einen Espresso vor dem neuen Gast ab und begrüßt ihn mit einem freundlichen Kopfnicken. Ich blättere geistesabwesend in einer Zeitschrift. Aus den Augenwinkeln sehe ich, dass der attraktive Mann am Nebentisch immer wieder zu mir herüber schielt. Irgendwann fasst er sich ein Herz und spricht mich an.

„Man kann den Text besser lesen, wenn man die Zeitschrift anders herum hält", bemerkt er mit einem verschmitzten Grinsen. Das Magazin fällt mir aus der Hand und klatscht zu Boden. Mit hochrotem Kopf klaube ich es auf. Der Mann stellt sich als Vincenzo aus Venedig vor.

„Woher kannst du so gut deutsch?", frage ich, um von meiner Blamage abzulenken.

„Ich habe zwei Semester in München studiert."

Vincenzo schiebt seine leere Kaffeetasse zur Seite und lehnt sich mit verschränkten Armen auf den Tisch.

„Ich bin leidenschaftlicher Surfer", nimmt er das Gespräch auf, „ich komme oft hier her, eigentlich fast immer wenn ich Urlaub habe. Surfst du auch? Und wie heißt du überhaupt?", will er wissen.

Vor meinem inneren Auge steigt ein Bild auf, wie ich fast ununterbrochen wie ein Walross ins Wasser plumpse. Ich weiß auch nicht genau, warum, aber vor diesem sportlichen Typen, den ich überhaupt nicht kenne, will ich nicht wie eine Versagerin dastehen, die nicht einmal auf einem Surfbrett stehen – und sich schon gar nicht darauf vorwärts bewegen kann. Mir bleiben nur Sekunden, um zu entscheiden, was ich antworten will.

„Melanie heiße ich", beginne ich zögerlich, um noch etwas Zeit zu gewinnen. „Ich surfe – äh – ein bisschen", murmle ich unbestimmt und bemühe mich, dabei einen begeisterten Gesichtsausdruck zu machen. Das ist zumindest nicht total gelogen. Immerhin habe ich es zwei Stunden lang versucht, auch wenn ich die meiste Zeit im Wasser verbracht habe. Ich hoffe, dass er keine allzu detaillierten Fragen über meine Surferfahrung stellen wird. Das tut er glücklicherweise nicht.

Wir sind in ein reges Gespräch vertieft, als Andreas zu uns stößt. Wie ein aufgeplusterter Gockel kommt er mit aufrechtem Gang und herausgestreckter Brust auf mich zu, um den Rivalen in die Flucht zu schlagen. Demonstrativ setzt er sich zwischen mich und Vincenzo.

Als ich fünfzehn war, hat mein großer Bruder die Beschützerrolle für mich übernommen und die bösen Jungs aus der Schule von mir ferngehalten. Scheinbar ist ihm entgangen, dass ich bereits das stolze Alter von neunundzwanzig erreicht habe.

Aha, da will einer sein Revier abstecken, denke ich höchst amüsiert und grinse in mich hinein. Vincenzo geht nicht auf das Kräftemessen ein. Stattdessen lächelt er Andreas freundlich zu. Dieser blickt nur skeptisch drein. Kurz darauf verabschiedet sich mein neuer Bekannter mit einem galanten „ciao Bella", um sich selbst in die Fluten zu stürzen.

„Wer war das denn? Was wollte der von dir?", platzt Andreas heraus, sobald Vincenzo den Tisch verlassen hat.
„Was ist denn in dich gefahren?", erwidere ich erstaunt, „das klingt fast so, als wärst du eifersüchtig."
„So ein Quatsch. Natürlich nicht", verteidigt er sich, „ich finde es bloß seltsam, dass er dich einfach angesprochen hat. Das klingt so nach Anmache."
„Ach wo, der wollte sich bloß unterhalten", gebe ich zurück, „außerdem: Schau dich mal hier um. Hier ist sonst niemand, den er hätte ansprechen können?"
Andreas rollt mit den Augen, lässt es aber dabei bewenden.

Wir setzen unsere Fahrt auf der Gardesana Occidentale in Richtung Limone fort. Die Westseite des Sees ist zerklüfteter als das östliche Ufer. Die Straße schlängelt sich durch einige in die Felsen gehauene Tunnel. Hinter zahlreichen Kurven erwarten uns immer wieder neue Panoramablicke. Ein paar Mal zucke ich beim Fahren erschrocken zusammen, weil vor mir in einem Tunnel plötzlich ein Fahrradfahrer ohne Licht auftaucht. Wir durchqueren verschlafene Dörfer, passieren kleine Kiesstrände direkt am Straßenrand. Auch das eine oder andere Restaurant mit Seeblick entdecken wir im Vorbeifahren. In dem Seebad Saló in der südwestlichen Ecke des Sees wollen wir eine Pause einlegen. Wir folgen dem nächstbesten Parkplatzschild, um unser Auto abzustellen. Auf den ersten Blick sieht das Städtchen eher durchschnittlich aus. Als wir schon kehrt machen wollen, entdecken wir die schöne Seepromenade. Wir schlendern am Ufer entlang und lassen uns in einem Café zum Eis essen nieder. Vor uns watscheln Enten auf der Uferpromenade auf und ab. Begierig warten sie, ob Passanten Brotkrümel für sie fallen lassen. Eifrig schnatternd stürzen sie sich sofort darauf. Auf dem See sind kleine Fischerboote unterwegs, die in gemächlichem Tempo dahingleiten. Genüsslich strecke ich meine Beine unter dem Tisch aus und seufze entspannt.

„Dieser Vincenzo", fängt Andreas wieder an, „der wollte sich doch nicht bloß unterhalten, oder? Der hat dich angebaggert."
„Jetzt hör aber auf", stöhne ich ungeduldig und rolle mit den Augen, „wir haben tatsächlich nur geredet. Außerdem spielt das keine Rolle. Den sehe ich doch sowieso nie wieder."
Ein bisschen hat mich dieser sportliche, schneidige Mann schon beeindruckt, aber zugeben will ich das natürlich nicht. Abgesehen davon bin ich froh, dass er mich bei meinem uneleganten Ausstieg aus dem Wasser nicht gesehen hat – oder zumindest hoffe ich das. Mein Versuch, eine auf dem Kopf stehende Zeitschrift zu lesen, war peinlich genug.

Wir setzen unsere Rundfahrt in Richtung Süden fort. Der See wird immer breiter und es herrscht dichter Verkehr. Wir passieren mehrere Industriegebiete. Für uns geht hier ein Stück Gardaseeromantik verloren. Wir sind froh, als wir bei Lazise wieder auf der Gardesana Orientale in Richtung Norden fahren können, der Heimat entgegen. Umso glücklicher sind wir über unser idyllisches Domizil. Darauf wollen wir anstoßen. Kaum zurück in Garda genehmigen wir uns deshalb ein Gläschen Bardolino sowie ein leckeres Abendessen im Bistro La Luna an der Uferpromenade.

„Ich bin todmüde. Ich gehe gleich ins Bett", verabschiede ich mich, sobald wir in unserer Ferienwohnung eingetroffen sind.
„Dann gute Nacht. Ich lese noch ein bisschen", erwidert Andreas.
Erst als ich erschöpft im Bett liege fällt mir ein, dass mein Bruder sich gar keine Bücher mitgebracht hat. Was der wohl lesen will? Noch während ich darüber nachdenke, schlafe ich ein.

Postkartenidylle auf dem Monte Baldo

Als große Fans von Wasser und Bergen ist unsere Wahl auf dieses Urlaubs-
ziel gefallen, das beides zu bieten hat. Natürlich können wir nicht nach
Hause fahren, ohne auf dem Monte Baldo gewesen zu sein.

Der Tag beginnt wunderbar. Die Lanteri Sippe ist anscheinend anderwei-
tig beschäftigt. Die Stille während unseres Verandafrühstücks ist beinahe
unheimlich.
„Hörst du was?", fragt mich Andreas, während er genüsslich Marmellata di
Mandarini auf sein Frühstücksbrötchen streicht.
Ich lausche angestrengt.
„Nein, nichts", erwidere ich schließlich mit gerunzelter Stirn.
„Genau." Mit einem Lächeln lehnt sich mein Bruder entspannt zurück und
beißt in sein Brötchen.
In Garda gibt es tatsächlich einen Bäcker, der sein Sortiment der zahlrei-
chen deutschen Kundschaft zuliebe um Vollkornbrötchen erweitert hat.
Das Glück meines Bruders ist perfekt: in Ruhe frühstücken mit Vollkorn-
brötchen.

Wir machen uns auf den Weg nach Malcésine, um von dort aus mit der
Funivia, einer Seilbahn mit sich drehender Kabine, auf den Monte Baldo
mit seinen fast zweitausend Höhenmetern hinaufzufahren. In Malcésine
herrscht reger Verkehr. Das eigens für die Seilbahnbenutzer vorgesehene
Parkhaus ist voll belegt. Wir müssen mit einem Parkplatz im Stadtzentrum
vorlieb nehmen. Artig ziehen wir ein Parkticket, welches wir gut sichtbar
in der Windschutzscheibe platzieren. An der Funivia herrscht geschäftiges
Treiben. Mehrere Seilbahnen müssen wir abwarten, bis wir zur Mittelsta-
tion hinaufschweben können. Nach einem kurzen Zwischenstopp werden
wir zur Gipfelstation transportiert. Die schmalen Gassen und die Burg von
Malcésine schrumpfen auf Miniaturgröße. Die imposante Ausdehnung des
Sees offenbart sich. Über dem Städtchen Limone steigen steile Felswände
in die Höhe, die in schneebedeckte Gipfel übergehen. Oben angekommen,
strömen wir zusammen mit den anderen Besuchern wie eine Schafherde

aus dem Gebäude. Sofort bläst uns ein kalter Wind ins Gesicht. Aber nicht nur das!

„Allora", ruft eine sehr vertraute Stimme herrisch. Andreas und ich schauen uns entsetzt an. Kann das sein?

„Lanteri Alarm!", zischt mein Begleiter, aber es ist zu spät. Der pummelige Massimo hat uns bereits entdeckt.

„Hey, da sind unsere Nachbarn", ruft er seiner Familie erfreut zu. Schon sind wir von drei Lanteri Generationen umzingelt. Einige Touristen drehen sich neugierig um, als sie den Tumult um uns herum bemerken. Als zurückhaltende Deutsche ist es uns peinlich, dass um uns ein solcher Aufstand gemacht wird. Trotzdem bin ich berührt von der Freude, die unsere Nachbarn bei unserem Anblick zu verspüren scheinen. Es werden Hände geschüttelt und ein paar höfliche Sätze ausgetauscht. Die Lanteris wollen gerade die nächste Seilbahn nach unten nehmen. Das verkürzt unser Zusammentreffen erheblich.

Gar nicht weit von der Seilbahnstation lassen wir uns auf einer Wiese am Abhang nieder. Nach einem ausgiebigen Picknick dösen wir noch etwas vor uns hin und genießen die idyllische Postkartenaussicht auf das Städtchen Limone auf dem gegenüberliegenden Seeufer. Genau darüber prangen auf einem steilen Felsen die Dörfer der Tremosine wie Adlerhorste. Der Wind ist zwar etwas frisch, aber die Sonne strahlt. Der Himmel ist hellblau und von weißen Wattewölkchen verziert. Hinter den Tremosine Dörfern türmen sich die Brescianer Alpen auf. Das Ganze wirkt wie das Bild einer kitschigen Postkarte. Wir können uns kaum losreißen von dem Anblick, aber langsam wird es Zeit für den Rückweg. Die Seilbahnkabine ist überfüllt mit Touristen verschiedenster Nationalitäten. Nach dieser schweißtreibenden Fahrt bin ich durstig.

„Geh du schon mal zum Auto", schlage ich Andreas vor, „ich besorge noch kurz Getränke und etwas zum Knabbern."

Als ich mit einer großen Plastiktüte voller Lebensmittel zum Parkplatz zurückkehre, erwartet mich ein ungewohnter Anblick. Andreas – normalerweise die Ruhe in Person – ereifert sich mit hochrotem Kopf und wilden Gesten. Ihm gegenüber steht ein uniformierter Polizist, bewaffnet mit Block und Stift, der so selbstzufrieden drein blickt, als habe er gerade einen

dicken Fisch geangelt. Andreas hält einen Strafzettel in der Hand. Er fuch-
telt damit vor dem Gesicht des Polizisten herum.

„Aber wir hatten doch ein Ticket. Wir waren nur acht Minuten zu spät
dran!"

Andreas ist außer sich. Sein Gerechtigkeitsempfinden ist schwer getroffen.
Der Polizist zeigt sich völlig unbeeindruckt. Die Verkehrspolizei am Gardasee ist gnadenlos. Man kann sich des Eindrucks nicht erwehren, dass hier
mit dem Strafzettelgeschäft ein ordentlicher Umsatz erwirtschaftet wird.
Am Rande eines jeden zahlungspflichtigen Parkplatzes lauert mindestens
eine Politesse, um sofort Fehltritte ausländischer Touristen zu ahnden. Im
Fünf-Minuten-Abstand werden die Parkplätze von eifrigen Wächtern patrouilliert, die nach abgelaufenen Parktickets suchen, damit auch ja kein
Parksünder entkommen kann. Nun müssen wir für unsere Nachlässigkeit
büßen. Der lange Arm des italienischen Gesetzes hat uns erwischt.

Der Gesetzesvertreter steht mit verschränkten Armen vor Andreas:
„Ticket ist abgelaufen. Müssen zahlen fünfzig Euro."

Selbst mein weiblicher Charme kann das harte Polizistenherz nicht erwei-
chen. Verständnisvoll erkläre ich, wir könnten gut verstehen, dass es seine
Arbeit machen muss, aber vielleicht wäre es trotzdem möglich, eine klitzekleine Ausnahme zu machen. Ich schließe mit einem entzückenden Lächeln. Der Mann des Gesetzes lächelt charmant zurück: „No." Mist. Als
geborene Schwäbin, beginnt sofort meine Rechenmaschine im Kopf zu
rattern. Ich sehe bereits unsere Urlaubskasse um fünfzig Euro schrumpfen,
als von hinten eine bekannte Stimme ertönt.

„Ciao Franco!"

Der Gesichtsausdruck des so Angesprochenen wechselt sofort von „ich hab
euch ertappt und ihr seid jetzt dran" auf „hey Kumpel, wie geht es denn so".
Neben mir ist wie aus dem Nichts plötzlich Paolo Senior erschienen. Die
beiden Männer begrüßen sich wie alte Bekannte. Unser Ferienhausnach-
bar bemerkt sofort den säuerlichen Gesichtsausdruck meines Bruders und
klopft ihm auf die Schulter:

„Eh, Andrea, was ist los?"

Dieser wedelt bedeutungsvoll mit dem Papier in der Hand herum. Nach
einem kurzen, für uns unverständlichen, Wortwechsel zwischen Paolo und
dem Polizisten, nimmt dieser das verteufelte Dokument wieder an sich und
tätschelt Andreas' Arm: „Kein Probläm, nächste Mal bezahlen, eh."

Freundlich winkt er Paolo zu und tritt den Rückzug an, um eifrig seine Kontrollrunde auf dem Parkplatz fortzusetzen.

„Franco ist mein Cousin", erklärt uns Paolo, „ich wollte ihn gerade von Dienst abholen."

Nun beginnt sogar Andreas' abgehärtetes Teutonenherz zu schmelzen. Ich sehe ihm sein schlechtes Gewissen an. Ausgerechnet der laute, nervige, etwas überschwängliche Paolo hat heute unseren Kopf aus der Schlinge gezogen. Noch bevor wir uns richtig bedanken können, macht sich Signor Lanteri schon davon. Zum Abschied hebt er kurz die Hand: „Wir sehen uns dann."

Immer noch völlig erstaunt sehen wir uns an. Mit solch einer Wendung haben wir nun wirklich nicht gerechnet.

„Nichts wie weg hier", drängt Andreas, „um die Ecke lauert bestimmt schon Franco II. Der ist dann vielleicht nicht so gnädig."

Ausnahmsweise sind wir einmal völlig einer Meinung. Auf der Rückfahrt ist mein Bruder recht still. Ihm scheinen die Ereignisse vom Nachmittag durch den Kopf gehen. Vermutlich legt er gerade vor sich selbst ein inneres Versprechen ab, unsere Nachbarn mit mehr Wohlwollen zu betrachten und etwas toleranter zu werden.

Den Tag wollen wir im Bistro La Luna an der Uferpromenade von Garda beschließen, die schon zu vertrautem Terrain geworden ist. Wir ergattern einen Tisch mit Blick auf den Hafen. Ich beiße gerade genüsslich in meine Pizza, als mein Gegenüber anfängt:

„Du sag mal, dieser Vincenzo. Hat der dich eigentlich nach deiner Adresse gefragt oder so?"

Ich verschlucke mich und huste. Nach dem Erlebnis mit der Verkehrspolizei hatte ich den sportlichen Jüngling bereits aus meinem Gedächtnis verdrängt. Nun ist er – dank Andreas' Wiederbelebungsversuch – erneut aufgetaucht. Als ich wieder sprechen kann, platze ich heraus:

„Sag mal, Bruderherz, dich hat wohl der Hafer gestochen. Was fängst du denn jetzt wieder von diesem Vincenzo an! Wann hätte der mich denn nach meiner Adresse fragen sollen? Du hast doch wie ein Platzhirsch dein Revier abgesteckt und ihn erfolgreich in die Flucht geschlagen."

„Jetzt übertreibst du aber", murmelt nun mein Reisebegleiter etwas peinlich berührt, „ich wollte nur klarstellen, dass er dich nicht einfach blöd anmachen kann."

„Ich glaube, du hast vergessen, dass ich nicht mehr fünfzehn bin und auf mich selbst aufpassen kann. Du brauchst mich also nicht mehr vor irgendwelchen pickelgesichtigen Jungs mit frisierten Mofas zu beschützen", antworte ich schnippisch, „und Vincenzo ist auch nicht auf den Kopf gefallen. Können wir es denn nun dabei bewenden lassen?"

Andreas will nicht klein beigeben:

„Ich finde, du bist viel zu vertrauensselig. Du kennst den doch überhaupt nicht."

„Natürlich", gebe ich nun ironisch zurück, „der ist ein Casanova, der alle Frauen abschleppt, die es wagen, bei Riccardo einen Kaffee zu trinken."

Mein Bruderherz verzieht das Gesicht und wirft mir einen skeptischen Blick zu:

„Na gut, ich gebe auf."

Mich amüsiert die Sache im Stillen. Tatsächlich fühle ich mich etwas geschmeichelt von Vincenzos Annäherungsversuchen.

Als wir zum Parkplatz zurückkommen, kreisen immer noch Politessen um die geparkten Autos. Uns können sie für heute nichts mehr anhaben.

Es ist ein milder Abend. Wir setzen uns mit einer Flasche Bardolino auf die Terrasse. Von nebenan sind laute Stimmen zu hören. Offenbar sind auch die Lanteris von ihrem Besuch bei Cousin Franco aus Malcésine zurückgekehrt. Ich grinse in mich hinein, da ich an unseren ersten Abend denken muss, an dem wir noch glaubten, ein Familienstreit sei ausgebrochen. Paolo Senior und Massimo versuchen wieder, sich gegenseitig zu übertönen. Es gibt dabei keinen wirklichen Gewinner. Die restlichen Familienmitglieder scheinen noch lauter zu sprechen. Ein paar Wortfetzen dringen zu uns herüber. Ich glaube zu verstehen, dass es dabei um die Gestaltung der nächsten beiden Tage geht. Eines ist jedoch neu. Andreas, der sonst schmerzlich das Gesicht verzogen hat, da ihm die Lautstärke und Intensität der Gespräche auf die Nerven gefallen sind, sitzt entspannt in einem Lehnstuhl auf der Veranda und blickt auf die inzwischen erleuchtete Skyline von Garda hinab.

Paolo Senior, der „dem Paten" immer weniger ähnelt, je besser ich ihn kennenlerne, kommt zu uns herüber geschlendert. Ich werfe meinem Gegenüber einen prüfenden Blick zu. Er schiebt unserem Nachbarn entspannt einen Stuhl hin.

„Wir fahren am Samstag nach Hause", beginnt Paolo, „deshalb wollten wir euch zum Essen einladen. Freitagabend. Kommt ihr?"

Erwartungsvoll schaut er von einem zum anderen. Ohne zu zögern, antworten wir wie aus einem Munde:

„Natürlich kommen wir. Gerne sogar."

Wer hätte das noch vor ein paar Tagen gedacht?

„Sie kommen!", ruft er auf Italienisch in den Hof hinüber. Daraufhin ertönt Gejohle auf der Veranda nebenan. Wie ein Botschafter, der seine Mission erfolgreich beendet hat, kehrt unser Nachbar in sein eigenes Reich zurück. Wir bleiben noch eine Weile auf der Terrasse sitzen und lauschen dem Rufen des Kuckucks, der uns wie jeden Abend eine gute Nacht zu wünschen scheint.

Die Serenissima lässt grüßen
- Ausflug nach Venedig -

Da die Region um den Gardasee eher ländlich ist, sehnen wir uns nach einem Ausflug in die Stadt.

„Was meinst du?", überlegt mein Bruder, „fahren wir lieber nach Venedig oder nach Verona?"

„Ich bin für Venedig. Das ist viel romantischer", entgegne ich prompt.

Andreas lässt sich sogar überreden, früh aufzustehen. Da wir den Weg nicht so genau kennen, müssen wir einmal mehr die nette Dame im Navigationsgerät um Rat fragen. Unser Ziel ist zunächst der Parkplatz in Fusina, gegenüber der Lagune von Venedig. Von dort aus soll uns ein Boot nach Zattere bringen. Leider kennt unsere Navigationsdame Fusina nicht. Also muss der nächstgelegene Ort, Marghera, als Ziel herhalten, den wir nach einer längeren, aber unspektakulären Fahrt erreichen. Nach einer Irrfahrt durch das Einbahnstraßensystem im Stadtzentrum steuern wir verzweifelt eine Tankstelle an. Der freundliche Tankwart erbarmt sich. Mit ausladenden Gesten erklärt er uns den Weg. Nach einer rasanten Fahrt durch ein endlos scheinendes Industriegebiet biegen wir in den Parkplatz Fusina ein.

„Ich muss mal pinkeln", merke ich an, als wir hastig aus dem Auto steigen.

„Ich auch", erwidert Andreas, „aber wir haben keine Zeit. Das Boot fährt in zwei Minuten ab. Also nichts wie los."

Mit voller Blase und einem unter den Arm geklemmten Tagesrucksack spurten wir wie zwei Marathonläufer kurz vor dem Ziel quer durch den Hafen zum Bootssteg. Mit sehnsüchtigem Blick renne ich an dem WC vorbei. Gerade noch rechtzeitig springen wir auf das Boot. Obwohl schon einige Mitreisende an Bord sind, finden wir noch zwei Sitzplätze auf dem oberen Deck. Ständig muss ich an meine volle Blase denken. Natürlich gibt es an Bord keine Toilette. Trotzdem ist die Überfahrt herrlich. Die diesige Morgenluft wird immer klarer, der Himmel immer blauer. Der Fahrtwind weht uns durch die Haare. Ich lausche dem Sprachgewirr unserer Mitfahrer: deutsch, österreichisch, niederländisch, englisch. Venedig zieht einfach alle Nationen an. Während wir auf die Lagunenstadt zusteuern, legt ein riesiges Kreuzfahrtschiff ab und nimmt Kurs auf das offene Meer. Kurz darauf erreichen wir den Hafen von Zattere. An den Anlegestellen herrscht reges Treiben. Boote sind natürlich das wichtigste öffentliche Verkehrsmittel hier. Auf dem Stadtplan finden wir die Ponte dell'Accademia, die wir überqueren müssen, um in den Bezirk San Marco zu gelangen.

Am Fuße der Brücke entdecke ich das rettende Schild: WC! Gleich darunter prangt ein weiterer Hinweis. Preis: ein Euro fünfzig. Die Kopfrechenmaschine fängt sofort an zu arbeiten. Ein Euro fünfzig für ein Mal pinkeln. Unverschämtheit! Völlig unakzeptabel – für eine Schwäbin erst recht. Begrüßt werde ich von einer stämmigen Frau, die mir die Münzen regelrecht aus der Hand reißt. Als ich wieder aus der Toilette herauskomme, schiebt mich eine grobe, kräftige Hand nach rechts in Richtung Waschbecken. „Wash hands", befiehlt mir die Dame. Schon gut! Darauf wäre ich von selbst nie gekommen! Nachdem sie sich mit kritischem Blick überzeugt hat, dass ich ihrem Befehl gefolgt bin, entlässt mich die Toilettenaufseherin wieder auf die Straße. Angesichts dieses Engagements erscheint mir nun jeder gezahlte Cent gerechtfertigt.

Wir überqueren die Brücke und schlendern gemütlich durch die engen Gassen. Bei jeder Gelegenheit werden wir angesprochen. „Gondola, gondola!", rufen uns schmuck gekleidete Gondelführer zu. Mein kulturinteressierter Begleiter schlägt einen Besuch der Markuskirche vor. Ich zeige wortlos auf die endlos lange Warteschlange in der prallen Sonne. Andreas lenkt ein, so wichtig sei der Besuch des Gotteshauses dann auch wieder nicht. Stattdessen bummeln wir weiter am Canale di San Marco entlang in Richtung Castello. In einer Seitenstraße genehmigen wir uns ein Mittagessen. Wir haben es tatsächlich geschafft, ein kleines Restaurant mit einigermaßen vernünftigen Preisen zu finden. In Venedig eine Rarität. Außerdem nutzen wir die Gelegenheit, kostenlos die Toilette aufzusuchen. Den ein Euro fünfzig teuren Besuch des öffentlichen WCs habe ich noch in schmerzlicher Erinnerung. Frisch gestärkt und mit entleerter Blase ziehen wir weiter in Richtung Ponte di Rialto. Doch auch dort ist das Gedränge einfach zu groß. Die romantischen Gassen münden schließlich in eine Einkaufsstraße.

Alsbald verschwindet Andreas in einer Buchhandlung. Wenn Männer einkaufen wollen, ist das also in Ordnung. Hätte ich es gewagt, ein Geschäft zu betreten, wäre ich vermutlich unverzüglich weitergezerrt worden. Während ich warte, betrachte ich das Schaufenster gegenüber, in dem schicke italienische Mode per la Donna ausgestellt ist. Ich sinniere gerade darüber, wie wenig die zierlich geschnittenen Kleider doch für – nun ja – sagen wir gut gebaute deutsche Frauen geeignet sind, als jemand von hinten „ciao, Bella!" ruft. Meint der etwa mich?

Wiedersehen macht Freude

Diese blöde Machoanmache kann ich überhaupt nicht leiden. Die Hände in die Hüften gestemmt, drehe ich mich empört um. Die strahlend blauen Augen von Vincenzo blicken mich an.

„Das ist ja eine Überraschung. Wie geht es dir, Melanie?" Ich bin so überrumpelt, dass mir zunächst gar nichts einfällt. In meinem Kopf herrscht gähnende Leere. Unverhohlen starre ich ihn an, wie ein pubertierender Teenager, der gerade von einem unerreichbaren Angebeteten ein Kompliment erhalten hat. In meinem Hals sitzt ein dicker Kloß. Niemals hätte ich erwartet, diesen sportlichen Schönling wiederzusehen.

„Äh, na, äh ... surfst du heute nicht?", entfährt es mir schließlich.

Ich erröte heftig. Totale Blamage. Falsche Antwort, wie peinlich. Natürlich surft er heute nicht. Er kann wohl schlecht zwischen den Gondeln in den engen Kanälen mit seinem Surfbrett herumpaddeln.

Aber Vincenzo ist ganz Kavalier:

„Ich hatte dir doch erzählt, dass ich aus Venedig komme. Wenn ich gewusst hätte, dass ihr hier seid, hätten wir uns auch verabreden können."

Glücklicherweise hat Andreas das nicht gehört. Der Arme hätte sofort eine Konspiration vermutet.

Langsam nimmt mein Gehirn seine normale Tätigkeit wieder auf.

„Hast du noch Urlaub?", erkundige ich mich bei Vincenzo.

„Ja", meint dieser. Er erklärt mir, er habe gerade ein paar Erledigungen hinter sich gebracht und wolle nun einen Kaffee trinken gehen.

„Kommt doch mit", schlägt er vor.

Bevor ich antworten kann, marschiert Andreas mit einer Tüte unter dem Arm schwungvoll aus dem Buchgeschäft.

„Ich habe da ein ganz tolles Buch über das Leben des Giacomo Casanova gefunden ..."

Seine Kinnlade klappt nach unten. Entgeistert starrt er erst Vincenzo an, dann mich. Kaum ist er zehn Minuten in der Buchhandlung gewesen, schon stehe ich mit dem vermeintlichen Aufreißer aller ausländischen Touristinnen, den ich angeblich niemals wiedersehen werde, auf der Straße und plaudere angeregt.

„Hallo Andreas, wie geht es dir?", beginnt mein wiedergefundener italienischer Bekannter das Gespräch. Andreas mit ‚s' hat er ihn genannt, aber das ist meinem Bruderherz bei der Aufregung gar nicht aufgefallen.
„Vincenzo hat gerade gefragt, ob wir mit ihm einen Kaffee trinken gehen", werfe ich ein.
Ich kann meinem armen Brüderchen ansehen, dass er nicht begeistert ist, aber gleichzeitig verbietet ihm seine deutsche Höflichkeit, die Einladung abzulehnen. Meine wiederentdeckte Urlaubsbekanntschaft führt uns zu einem kleinen Platz, auf dem zwei Restaurants Stühle und Tische unter großen Sonnenschirmen aufgestellt haben. Wir flüchten in den Schatten, da die Sonne schon heftig vom Himmel brennt.

Nach einem Blick auf die Getränkekarte setzen wir unser Gespräch fort. Andreas entscheidet sich für ein Bier. „Warum nicht? Gute Idee", meint unser italienischer Freund und bestellt sich ebenfalls eines. Ich muss noch fahren, daher bleibe ich beim Kaffee. Vincenzo ist die Spannung zwischen uns nicht entgangen. Deshalb versucht er, das Gespräch in unverfängliche Bahnen zu lenken. Interessiert wendet er sich an Andreas:
„Wie hat es denn geklappt mit dem Windsurfen auf dem Gardasee? Das ist nicht ganz einfach dort, wenn man wenig Übung hat."
„Ja", bestätigt mein Bruder, „diese Erfahrung haben wir dann auch gemacht, vor allem Melanie als totale Anfängerin."
Ich zucke innerlich zusammen. Nun begeben wir uns auf gefährliches Terrain, hatte ich doch Vincenzo in dem Glauben gelassen, ich könne schon etwas surfen. Ich habe es nicht ausdrücklich so gesagt, aber dass ich völliger Neuling bin, habe ich auch nicht erwähnt. Der schöne Vincenzo schielt zu mir herüber:
„Ach so, ich dachte, du könntest schon etwas surfen."
Ich versuche, das Unvermeidliche hinauszuzögern und presse die Lippen zusammen. Andreas, der sonst wenig Alkohol trinkt, hat in einem Zug sein halbes Bierglas geleert. Die Kombination aus Alkohol und Sonne hat ihm wohl etwas die Zunge gelockert. Jedenfalls scheint er in Fahrt zu kommen.
„Nee, Melanie war vorher noch nie surfen. Das am Gardasee war das erste Mal", platzt er heraus, „naja, eigentlich lag sie die meiste Zeit im Wasser", gluckst er, „das sah vielleicht komisch aus!"
Ich werde immer kleiner auf meinem Stuhl. Verzweifelt wünsche ich mir

Harry Potters Unsichtbarkeitsmantel herbei. Vincenzos Erstaunen geht nun in ein Grinsen über.

Das Eis zwischen den Männern ist gebrochen. Beide kichern, als ob sie zum ersten Mal gemeinsam die Aufklärungsseite in der Bravo gelesen hätten. Da habe ich meinen Andreas völlig unterschätzt. Das war ein cleverer Schachzug. Totale Blamage des Zielobjekts, sodass dieses für den vermeintlichen Rivalen uninteressant wird. Anschließende Verbündung mit dem Feind. Unser neuer Freund scheint ebenfalls nicht sonderlich trinkfest zu sein, denn auch bei ihm zeigt das Bier sofort Wirkung. Andreas ist nun in Schwung gekommen. Jedes Detail meiner missglückten Versuche, das Segel aufrecht zu halten, das Gleichgewicht nicht zu verlieren und mich gleichzeitig vorwärts zu bewegen, wird geschildert. Die beiden Jungs klopfen sich auf die Schenkel, während sie sich vor Lachen schütteln. Aus irgendeinem Grund kann ich das überhaupt nicht witzig finden, was am Ende auch den beiden auffällt. Mit Lachtränen in den Augen klopft mir Vincenzo mit der Hand auf die Schulter:
„Mach dir nichts draus, Melanie, vor zwei Jahren war ich mit meiner Schwester und ihrem Mann in Riva bei Riccardos Surfschule. Der hat wirklich viel Erfahrung, aber er hat mir bestätigt, dass meine Schwester die schlechteste Surferin aller Zeiten ist."
Bei der Erinnerung daran bricht er erneut in Gelächter aus, wobei Andreas mit einstimmt. Zumindest halte ich nun nicht mehr als der direkte Grund für die Lachsalven her.

Die zwei neuen Busenfreunde haben schon ein weiteres Bier getrunken, während ich von Kaffee auf Zitronenlimonade umgestiegen bin. Wir sind so in das Gespräch vertieft, dass wir nicht auf die Zeit geachtet haben. Das letzte Boot nach Fusina ist soeben abgefahren!

In meinem Kopf spielt sich ein Horrorszenario ab. Da wir nur für einen Tag Parkgebühren bezahlt haben, sehe ich in meiner Vorstellung unser armes kleines Auto mit einer hässlichen Klampe versehen, die unsere Rückfahrt an den Gardasee vereiteln könnte. Das zweite Szenario ist auch nicht besser. Vielleicht wird man uns sogar abschleppen! In dem Fall müssten wir dann reumütig bei einem Verkehrssünderautosammelpool vorsprechen, um unser Fahrzeug wieder auszulösen. Das kostet mit Sicherheit mehr als fünfzig Euro! Dass Paolo Lanteri auch noch einen Cousin bei der Verkehrspolizei in Venedig hat, bezweifele ich. Es sieht also düster aus. Und überhaupt: Wo sollen wir denn übernachten?

Der edle Ritter Vincenzo vernichtet all meine Bedenken mit einem Schlag: „Ich selbst habe nur eine kleine Wohnung, aber ich rufe mal meine Schwester an."
Bevor wir etwas erwidern können, fügt er mit einem Seitenblick auf mich hinzu:
„Dann kannst du dich mit ihr übers Windsurfen unterhalten." Dieser Hieb unter die Gürtellinie gefällt mir gar nicht, aber ich halte mich tapfer. Mein lieber Bruder hingegen nimmt dies zum Anlass, um erneut loszukichern. Dafür bekommt er von mir einen Stoß mit dem Ellenbogen versetzt. Während Vincenzo per Handy mit seiner Schwester konferiert, überlegen wir uns, was wir wegen des Autos unternehmen können. Ratlosigkeit.

„Alles klar", Vincenzo klappt sein Handy zu. „Wir sollen nachher zum Abendessen vorbeikommen. Ihr könnt dann dort übernachten und eines der Boote morgen Vormittag nehmen. Mein Schwager ist auf Geschäftsreise, da kann sie sowieso etwas Unterhaltung gebrauchen."
„Wenn ihr den ganzen Abend auf ihr rumhackt, dann fliegen wir vielleicht doch noch raus", werfe ich konsterniert ein. Meine Ehre ist angekratzt.
„Nimm's doch mit Humor", bemerkt nun zu allem Überfluss auch noch ein schelmisch grinsender Andreas. Das fehlt mir gerade noch.
„Genau", stimmt sein neuer Freund mit ein. Na prima. Diese Wendung gefällt mir gar nicht. Habe ich doch anfangs geglaubt, Vincenzo wolle mit mir flirten, so hat er sich nun sogar mit meinem eigenen Bruder gegen mich verbündet.

„Was machen wir jetzt mit dem Auto?", lenke ich ab, „wenn wir das dort einfach über Nacht stehen lassen, bekommen wir Ärger." Auch dafür weiß der schlaue Vincenzo eine Lösung. Glücklicherweise habe ich das Faltblatt von dem Park- und Campingplatz Fusina in meiner Handtasche. Er ruft dort an, um die Situation zu erläutern. Der Parkwächter verspricht, ein zusätzliches Ticket am Auto anzubringen.

Eine Nacht in Venedig

Als der Kellner unsere Getränke abkassiert hat, machen wir uns gemeinsam auf den Weg zu der Schwester unseres Retters. Völlig orientierungslos trotten wir Vincenzo hinterher. Der biegt in eine schmale Gasse nach rechts ab, dann in eine noch schmälere nach links. Schließlich überqueren wir eine der zahlreichen kleinen Brücken, die uns dann zum geschäftigen Canale Grande führt, auf dem einige mit Touristen bestückten Gondeln und auch Motorboote unterwegs sind. Unser Helfer lotst uns in ein Wassertaxi. Vincenzo plaudert mit dem Taxifahrer, während wir staunend das rege Geschehen beobachten. Schon bald biegen wir in einen kleineren Kanal ab. Der Taxifahrer manövriert sein Boot mühelos durch das Gewirr von Wasserwegen. Zu guter Letzt legt er an einem Steg an, um uns aussteigen zu lassen. Da wir unseren neuen Freund kaum kennen, hoffe ich, dass er sich nicht als Psychopath entpuppen wird, der uns in einer stillen Gasse Venedigs um die Ecke bringen will, um unsere Leichen dann in einem Kanal zu versenken. Aber so weit soll es nicht kommen. Wir haben bereits das Haus von Vincenzos Schwester erreicht, die uns gerade erfreut die Tür öffnet.

„Ich heiße Claudia", stellt sie sich in einem zwar mit Akzent gefärbten, aber sehr guten Deutsch vor, während sie zur Begrüßung unsere Hände schüttelt. Mein überraschter Gesichtsausdruck spricht wohl Bände. „Mein Mann arbeitet für eine deutsche Firma in Mestre. Er hat oft Kollegen aus Köln da, mit denen wir manchmal abends essen gehen. Außerdem haben wir fast zwei Jahre in Köln gelebt. Aber jetzt kommt erst mal rein", lacht sie.

Vincenzos ältere Schwester ist eine auf Anhieb unglaublich sympathische Frau, die in Sachen Schönheit ihrem kleinen Bruder in nichts nachsteht. Sie hat lange, dunkelblonde Haare, die ihr lässig über die Schultern fallen und eine schlanke, aber sehr weibliche Figur. Die italienische Mode ist wie für sie gemacht. Ihre durchdringenden blauen Augen verraten ein offenes Wesen, das nichts zu verbergen hat.

Wir werden in ein unscheinbar wirkendes Haus geführt, dem man von außen nicht ansieht, welch kleines Paradies sich hinter seinen Mauern verbirgt. Es erinnert fast an einen Mini-Palazzo. Der großzügige Eingangsbereich und das riesige Wohnzimmer sind mit weiß-grauem Marmorboden ausgestattet. Trotz der hohen Decke und der edlen Ledermöbel wirkt der Wohnbereich sehr gemütlich. Die Krönung des Ganzen ist eine Dachterrasse, die so groß ist wie der Garten des Reihenhauses unserer Eltern in Stuttgart. Mehrere Grünpflanzen in Tontöpfen umranden die großzügige Fläche. Dazwischen stehen Oleanderbäume in Rosa und Weiß. Gemütliche Holzstühle und ein runder Tisch bilden den Mittelpunkt. Mit einer einladenden Geste fordert Claudia uns auf, Platz zu nehmen. Getränke und Snacks stehen bereit, als ob unser Besuch von langer Hand geplant war. Nichts deutet darauf hin, dass Vincenzo seine Schwester vor weniger als einer Stunde überrumpelt hat.

Andreas und Vincenzo schenken sich ein weiteres Bier ein. Claudia und ich entscheiden uns für Rotwein.

„Ihr macht also Urlaub am Gardasee?", erkundigt sich unsere Gastgeberin, „habt ihr Vincenzo beim Surfen kennengelernt? Er war im letzten Jahr so oft bei Riccardo, er könnte sich eigentlich in Riva eine Wohnung nehmen", frotzelt sie.

Die neuen Busenfreunde grinsen sich verstohlen zu. Die Wirkung des bereits konsumierten Biers ist nicht zu übersehen, denn die Zwei gackern wieder los, als ob jemand den tollsten Witz erzählte hätte. Claudia runzelt die Stirn und ihr Blick wandert zwischen den beiden hin und her. Verzweifelt richte ich meine Augen gen Himmel.

„Ich war vor ein paar Tagen zum ersten Mal surfen", kläre ich die ratlose Claudia auf, „das sah – nun ja – nicht besonders elegant aus. Die beiden jungen Männer finden das unheimlich witzig. Deshalb werde ich seit heute Nachmittag durch den Kakao gezogen."

Ein wissender Blick zeigt sich auf dem Gesicht der Schwester. Schon prustet Vincenzo los:

„Melanie kann scheinbar fast so gut surfen wie du, liebes Schwesterherz."

Dabei stehen ihm Lachtränen in den Augen. Er stupst meinen Bruder mit dem Ellbogen an, was bei diesem den eben abgeklungenen Lachanfall erneut aufleben lässt. Es ist erniedrigend. Ich ertappe mich dabei, wie ich mir ein Gespräch von Frau zu Frau mit Großmutter Lanteri herbeiwünsche.

Ein etwa achtjähriges Mädchen mit zu einem Pferdeschwanz zusammengebundenem Haar, das Claudia wie aus dem Gesicht geschnitten ist, erscheint auf der Terrasse.

„Das ist meine Tochter Alessandra", stellt sie das Kind vor.

Mit leuchtenden Augen blickt das Mädchen auf ihren Onkel und springt begeistert in seine Arme.

„Ich habe noch zwei ältere Brüder", erklärt Claudia, „aber Vincenzo ist Alessandras Lieblingsonkel."

Zu ihrer Tochter gewandt, fährt sie fort:

„Es ist Zeit für dich, schlafen zu gehen. Dein Onkel kann dich ins Bett bringen."

Aufgeregt hüpft das Mädchen auf und ab:

„Ja, ja, Onkel Vincenzo soll mich ins Bett bringen."

Die beiden verschwinden im Haus.

„Die Zwei sind ein Herz und eine Seele", erzählt uns Claudia, „das war schon immer so. Das hat Vincenzo sehr geholfen, über den Tod seiner Verlobten hinwegzukommen. Sie ist vor etwas über einem Jahr bei einem Verkehrsunfall ums Leben gekommen. Ich glaube Alessandra und das Surfen haben ihn da aus der Krise gerettet."

Andreas und ich schauen uns betroffen an. Mir ist bereits bei meiner ersten Begegnung mit unserem neuen Freund aufgefallen, dass er zwar einerseits sehr selbstsicher wirkt, andererseits aber eine gewisse Melancholie ausstrahlt. Nun verstehe ich, warum. Diese Kombination – so finde ich – lässt ihn fast geheimnisvoll erscheinen, was ich sehr anziehend finde.

„Aber bitte sprecht Vincenzo nicht darauf an, wenn er von selbst nichts sagt", beschwört uns Claudia, „ich bin froh, ihn einmal wieder so lachen zu sehen wie heute. Das war schon lange nicht mehr der Fall."

Aus ihr spricht die besorgte große Schwester. Wir legen ein Versprechen ab, den Vorfall natürlich nicht zu erwähnen. Insgeheim nehme ich mir vor, Vincenzos Spott über meine nicht vorhandenen Surfkünste mit etwas mehr Fassung zu ertragen. Andreas wirft mir einen verstohlenen Blick zu. Offensichtlich hat er unseren neuen Freund völlig falsch eingeschätzt. Er ist gar nicht der südländische Casanova, für den mein Bruder ihn gehalten hat.

Es wird eine lange Nacht. Als Vincenzo zurückkehrt, trinken die Männer noch mehr Bier und wir Frauen mindestens genau so viel Rotwein. Irgendwie kommen wir auf das bevorstehende Wochenende zu sprechen.

„Ich werde am Samstag und Sonntag zum Windsurfen in Riva sein", wirft Vincenzo ein, „Claudia wollte mit Alessandra mitkommen. Sie wäre sonst am Wochenende alleine, da mein Schwager erst nächste Woche zurückkommt. Leistet uns doch Gesellschaft. Es wäre schön, euch wiederzusehen." Er blickt mich hoffnungsvoll an.

Selbstverständlich will ich dort hinkommen. Natürlich will ich ihn gerne wiedersehen. Jetzt bloß keine Überreaktion! Plötzlich taucht vor meinem inneren Auge wieder ein Bild auf. Ich - wie eine knackige Leberwurst in diesen komischen Surfanzug verpackt - wie ich gerade auf allen Vieren aus dem See krabble. Wenn ich vor Vincenzo nicht meine Würde verlieren will, darf ich auf keinen Fall surfen gehen. Während ich noch meine Gedanken sortiere, antwortet Andreas bereits:

„Ich hätte Lust, auf dem Wasser ein paar Runden zu drehen. Was meinst du, Melanie?"

Ich zögere.

„Gerne würde ich noch mehr Zeit mit euch verbringen, aber muss ich tatsächlich surfen gehen?"

Mein Gesichtsausdruck muss leicht verzweifelt gewesen sein. Unser italienischer Freund lacht auf:

„Claudia werden sicher keine zehn Pferde auf ein Surfbrett bringen. Du bist also nicht alleine."

Ich bin erleichtert. Wir verabreden uns für Samstagmittag bei Riccardos Surfschule.

Bis weit nach Mitternacht sitzen wir unter dem leuchtenden Sternenhimmel Venedigs. Scheinbar zufällig hat Vincenzo seinen Stuhl näher an mich herangerückt. Der herbe Duft seines Rasierwassers steigt mir in die Nase und vermischt sich mit dem süßlichen Geruch, der von den Oleanderbäumen ausströmt. Ich kann seine Körperwärme spüren, obwohl wir uns nicht berühren. Als wir zufällig gleichzeitig nach der Wasserflasche greifen, streift er meine Hand. Ein angenehmes Gefühl. Immer wieder lächelt Vincenzo mir zu. Irgendwann legt er dann seinen Arm auf meiner Stuhllehne ab, wobei seine Hand meine Schulter berührt. Ich genieße diese heimliche Berührung, die sonst niemand zu bemerken scheint. Gerne hätte ich meine Hand auf seine gelegt, wage es aber nicht. Claudia erzählt von der Zeit, in der sie in Köln gelebt hat. Vincenzo berichtet von seinem Austauschjahr an der Universität München. Ich lausche dem melodischen Klang seiner Stimme. Während er spricht, streichelt er mir immer wieder sanft über die Schulter. Andreas stellt Claudia angeregt Fragen über die Arbeit ihres Mannes Lorenzo, der wie er selbst in der IT-Branche tätig ist. Sie sind so ins Gespräch vertieft, dass es keinem auffällt, wie still ich geworden bin und was sich zwischen mir und Vincenzo abspielt. Ich bin aufgewühlt. Seit der Trennung von meinem Ex-Freund Jonas ist dies die vertrauteste Begegnung mit einem Mann, der mir noch dazu ausgesprochen gut gefällt. Was wird wohl daraus werden? Hat nur der Alkohol für diese intime Atmosphäre gesorgt oder steckt mehr dahinter?

Irgendwann wird es dann doch Zeit, schlafen zu gehen. Claudia verfrachtet uns in eines der Gästezimmer. Ihr Bruder verabschiedet sich, verspricht aber, uns am nächsten Morgen abzuholen, um uns nach Zattere zu bringen. „Willst du sichergehen, dass wir Venedig auch bestimmt verlassen?", scherze ich. Er antwortet nicht, sieht mir aber stattdessen tief in die Augen. Dieser Blick geht mir durch Mark und Bein. Der gute Vincenzo hat mittlerweile auch ein paar Bierchen getrunken. Das darf ich nicht vergessen.

Am nächsten Morgen erscheint unser Retter vom Vortag zum Frühstück. Alessandra hat in dieser Woche Schulferien und Claudia ist freiberuflich tätig. Sie kann sich ihre Zeit selbst einteilen. Frühes Aufstehen wäre uns sicher schwergefallen.

Während des Frühstücks schielt Vincenzo immer wieder zu mir herüber, ich lächele zurück. Andreas runzelt die Stirn und mustert mich, sagt aber nichts. Nachdem wir alle unsere Kaffeetassen geleert haben, wollen wir Claudias Gastfreundschaft nicht überstrapazieren. Wir danken ihr und wenden uns zum Gehen.

Vincenzo hat ein Wassertaxi aufgetrieben, das uns direkt nach Zattere bringen soll. Er sitzt dicht neben mir. Wie schon am Vortag spüre ich seine

Wärme. Es kribbelt angenehm in meinem Bauch. Ich fühle, dass sein Blick auf mir ruht.

In Zattere müssen wir nicht lange auf unser Boot warten. Nachdem wir unsere Handynummern ausgetauscht haben, küsst mich Vincenzo zum Abschied auf die Wange. „Ich freue mich auf Samstag", flüstert er mir ins Ohr. Dann gibt er Andreas die Hand. Während wir an Bord gehen, winkt er uns zu. Kaum haben wir einen Sitzplatz ergattert, legen wir ab.

Der Wind bläst uns um die Ohren, als wir uns von der Lagune entfernen, die in der Ferne immer kleiner wird. Hinter uns paddelt eine Gruppe von Kanufahrern auf das Meer hinaus.
„Du magst ihn, gell?"
Andreas ist keiner, der um den heißen Brei herumredet.
„Natürlich mag ich ihn", weiche ich aus, „du magst ihn ja auch, nachdem er sich nun nicht als der Casanova entpuppt hat, für den du ihn zuerst gehalten hast."
„Das meine ich nicht und das weißt du auch", erwidert mein Bruder. Er mag wohl alle möglichen Fehler haben, aber er lässt sich nichts vormachen.
Ich schaue ihm in die Augen: „Was spielt es für eine Rolle, ob ich ihn mag? Sein Leben spielt sich in Venedig ab und wir fahren am Mittwoch nach Stuttgart zurück. Es ist ein schönes Gefühl, wieder jemanden so zu mögen, aber warum sollte ich mir etwas vormachen?"
Es fällt mir selbst auf, dass ich mich schon fast etwas schrill anhöre. Oh weh, ich mag ihn tatsächlich, viel mehr als ich mir eingestehen möchte. Sogar mein normalerweise eher nüchterner Bruder erkennt das auf einen Blick.
„Also ich bin wahrhaftig kein Experte. Janine meinte, ich sei gefühlsmäßig abgestumpft und mit meinen zweiunddreißig Jahren schon ein verknöcherter alter Schwabe. Aber ich sag' es jetzt trotzdem mal: Egal, wie die Umstände sind, wenn du ihn magst, musst du ihm das zeigen. Ganz offensichtlich mag er dich auch."
Für meinen manchmal eher wortkargen, nüchternen Bruder war das eine lange, emotionale Rede. Ich bin beeindruckt.

In Fusina angekommen, müssen wir uns aber zuerst den praktischen Dingen des Lebens zuwenden. Erleichtert atmen wir auf. Der Parkplatzwächter des Campingplatzes hat Wort gehalten. Unser Auto ist nicht abgeschleppt worden und auch mit keinem unschönen Strafzettel versehen. Brav bezahlen wir die überfälligen Parkgebühren, bedanken uns für das Entgegenkommen und treten die Heimfahrt nach Garda an. Zum dritten Mal lässt uns die Navigationsdame im Stich. Warum funktionieren diese Geräte eigentlich nur, wenn man sie nicht braucht? Die freundliche Stimme befiehlt uns ständig, rechts abzubiegen, obwohl diese Straßen eindeutig in ein Wohngebiet führen. Also bringen wir sie zum Schweigen. Stattdessen folgen wir den Autobahnschildern. Nach einem Umweg von mehreren Kilometern gelangen wir endlich auf die A4, die uns zurück an das Südende des Gardasees bringt.

Rückkehr nach Garda

Über zwei Stunden dauert die Rückfahrt zu unserer Ferienwohnung auf dem Weinberg.

„So, nun war der Ausflug nach Venedig etwas länger als geplant", seufzt Andreas, während er sich erschöpft auf das Sofa im Wohnbereich plumpsen lässt. Ich gehe hinaus auf die Veranda, um nachzusehen, ob sich während unserer Abwesenheit etwas verändert hat. Angela, die gerade die getrockneten Handtücher vom Wäscheständer holt, winkt mir erleichtert zu. „Tutto bene?", fragt sie besorgt.

Unsere nächtliche Abwesenheit blieb nicht unbemerkt. Mit meinem beschränkten italienischen Vokabular, und demzufolge wenig Erfolg, versuche ich zu erklären, was uns widerfahren ist. Vermutlich habe ich nun mehr Verwirrung gestiftet als Aufklärung geschaffen. Unsicher zuckt sie mit den Schultern, gibt sich aber damit zufrieden, dass wir wohlbehalten zurückgekehrt sind. Nonna und die Lanteri Söhne sind nirgends zu sehen. Vermutlich sind sie losgezogen, um anderswo Unruhe zu stiften. Paolo Senior liegt wie vor ein paar Tagen auf einer Sonnenliege am Pool und schnarcht, diesmal ist sein Bauch allerdings nicht von einer Zeitung verdeckt, sondern in seiner vollen Pracht der Sonne ausgesetzt. Vermutlich hat das ausgiebige Frühstück für diesen Erschöpfungszustand gesorgt. Sein Schnarchen verstummt jäh, er setzt sich schlaftrunken auf und kommt zu uns herüber getrottet. Erneut muss ich unser venezianisches Abenteuer schildern – diesmal auf Deutsch.

Ich verabschiede mich. Paolo ruft mir hinterher, wir sollen das Abendessen heute nicht vergessen.

Zunächst brauche ich dringend eine Ruhepause. Die Nacht ist einfach zu kurz gewesen. Außerdem will ich alleine sein, um nachzudenken. Natürlich hat Andreas recht. Ich sollte meinem neuen Schwarm zeigen, dass ich ihn mag, aber andererseits spielt es doch keine Rolle. Nach unserer Abreise am Mittwoch werde ich in mein Leben zurückkehren, Vincenzo in seines … und über siebenhundert Kilometer sowie zwei Staatsgrenzen werden uns

trennen. Meine Gedanken drehen sich im Kreis. Schlussendlich bin ich so erschöpft, dass ich einschlafe. Das Piepsen meines Handys weckt mich auf. Eine SMS: *Freue mich auf Samstag – Vincenzo.*
Mein Herz macht einen Sprung. Es ist ein tolles Gefühl, wieder von jemandem umworben zu werden. Nachdem sogar der Beschützerinstinkt meines Bruders keine Einwände hat, sollte ich vielleicht einfach das Wochenende und das schöne Gefühl genießen.

Wir rüsten uns für den Besuch bei unseren Nachbarn. Andreas fragt: „Wann sollen wir denn bei den Lanteris eintreffen?"
Erst dann fällt mir auf, dass wir gar nichts Festes ausgemacht haben: „Paolo hat nur heute Abend gesagt. In Sizilien sind Uhrzeiten wohl nicht so wichtig."

Als es uns passend erscheint, ziehen wir mit zwei Flaschen Rotwein bewaffnet los. Nach einer allseits freudigen Begrüßung setzen wir uns an den gedeckten Tisch auf der lanterischen Terrasse. Nonna ergreift ohne Zögern ihre Chance und reißt sich den Platz zu meiner Rechten unter den Nagel. Auf der linken Seite lässt sich Angela nieder. Meinem Gefährten bleibt keine andere Wahl als sich zwischen Paolo Senior und Junior zu setzen. Tagsüber haben wir nicht viel gegessen. Andreas und Vincenzo haben am Vorabend ihr gesamtes Bierkontingent für einen Monat aufgebraucht. Aus diesem Grund war mein Bruderherz etwas zartbesaitet und tagsüber nicht sonderlich hungrig. Auch bei mir haben mehrere Gläser Rotwein in Kombination mit zu wenig Schlaf gewisse Spuren hinterlassen. Nun meldet sich unser Appetit zurück. Die Damen des Hauses haben sich wirklich ins Zeug gelegt. Es gibt Antipasti in allen Variationen, gefolgt von dem obligatorischen Teller Spaghetti, der das Lebenselixier eines jeden Italieners zu sein scheint. Anschließend wird Fisch mit leckeren Salaten aufgetischt. Als wir bereits stöhnen, dass wir auf keinen Fall einen weiteren Gang zu uns nehmen können, wird ein Tiramisu aufgefahren, dem ich trotz gespannter Bauchdecke nicht widerstehen kann. Den Espresso danach brauche ich dringend, um meine Verdauung in Gang zu bringen. Alles in allem habe ich den Vorabend wohl besser weggesteckt als mein Bruder. Ich trinke genüsslich von dem leckeren Bardolino. Andreas nippt nur vorsichtig an seinem Glas.

Während des Essens unterhält sich Paolo Senior hauptsächlich mit Andreas. Ich glaube sogar, von meinem Bruder ein paar italienische Wendungen zu vernehmen. „Venezia è propio interesante. Ho passato due splendide giornate"[1], gibt er gerade von sich. Ist das derselbe Andreas, der noch vor ein paar Tagen behauptet hat, es sei völlig unnötig, italienisch zu lernen? Wo ist überhaupt mein italienischer Sprachführer geblieben? Ich habe ihn seit Tagen nicht mehr gesehen. Paolo ist jedenfalls begeistert von dieser Entwicklung.

Meine Unterhaltung mit den beiden Frauen geht nur stockend voran. Das liegt vor allem an meinen spärlichen italienischen Sprachkenntnissen. Dafür beobachte ich. Bisher habe ich Angela immer etwas bedauert. Nun dämmert mir, dass es dazu überhaupt keinen Grund gibt. Von Anfang an bin ich dem Vorurteil erlegen, dass Paolo Senior als männliches Familienoberhaupt das Sagen hat. Nun schwant mir, dass tatsächlich seine Frau diejenige ist, die die Fäden in der Hand hält. Zwar stürmt ihr Mann forsch und laut voran, das letzte Wort hat stets sie. Kein Manager, den ich kenne, beherrscht die subtile Kunst der Menschenführung so wie diese kleine, zierliche, auf den ersten Blick etwas unscheinbar wirkende Frau. Sie ist die „graue Eminenz", der Fels in der Brandung. Die drei lauten Orgelpfeifen verstummen, wenn Angela es so will. Die eigensinnige Nonna ist stets zur Stelle, wenn ihre Schwiegertochter dies von ihr verlangt. Auch ihr Mann kann so viel reden, wie er will, sie hat trotzdem die Hosen an. Nicht mit lauten Worten oder Geschrei zähmt sie ihre Familie, sondern mit einem ihr ganz eigenen Selbstvertrauen, einem In-sich-selbst-Ruhen, dessen man sich nicht erwehren kann. Meine stille Bewunderung wächst von Minute zu Minute. Ich frage mich erstaunt, wie ich je auf die Idee gekommen bin, diese Frau bemitleiden zu müssen. Die Dynamik scheint keinem ihrer Familienmitglieder bewusst zu sein. Paolo Senior hält sich eindeutig für den Häuptling seines Clans. Vielleicht ist gerade dies das Geheimrezept, warum das Zusammenspiel so gut funktioniert. Kann man Männer tatsächlich so leicht täuschen? Ich schaue zu Andreas hinüber. Völlig unbedarft unterhält er sich mit seinem Tischnachbarn. Die subtile Dynamik ist ihm überhaupt nicht aufgefallen. Habe ich gerade einen Geheimtipp für funktionierende Beziehungen entdeckt?

Bis nach Mitternacht sitzen wir auf der Terrasse. Zwei Rückzugsversuche

---

[1] *Venedig ist sehr interessant. Ich habe zwei schöne Tage dort verbracht.*

schlagen fehl, da Paolo Senior just in dem Moment unsere Weingläser wieder aufgefüllt hat. Selbst Großmutter Lanteri hält durch bis zum Schluss. Es ist schon fast halb eins, als wir uns alle eine gute Nacht wünschen.

Ciao Familie Lanteri!

Am nächsten Morgen erwachen wir erst gegen zehn Uhr. Das heißt: Ich erwache vom Piepsen meines Handys: *Endlich Samstag! Kann es kaum abwarten, dich zu sehen – Vincenzo.* Sofort bin ich hellwach. Mein Herz klopft und ich bin neugierig, was mich am Nachmittag erwartet.
Meinen Zimmergenossen muss ich erst noch wach rütteln. Mein Blick fällt auf seinen Nachttisch. Da liegt doch tatsächlich mein italienischer Sprachführer, der mir vor Tagen abhandengekommen ist.

Draußen vernehmen wir laute Stimmen. Unsere Nachbarn sind damit beschäftigt, ihr Auto für die Heimfahrt nach Sizilien zu beladen. Mit einem etwas schwerem Kopf bereiten wir unser Frühstück zu, das wir auf der Terrasse einnehmen. Gerade trinken wir unseren letzten Schluck Kaffee aus, als die Lanteris aufbrechen. Die Zeit des Abschieds ist gekommen. Ich erinnere mich an unsere erste Begegnung vor einer Woche, als sie unsere empfindlichen Trommelfelle arg strapazierten. Wer hätte gedacht, dass uns nach ein paar Tagen der Abschied schwerfallen würde. Allgemeines Händeschütteln und Umarmen.
„Ciao Andrea, ciao Melanie", verabschiedet sich Paolo Senior und tätschelt zuerst meinen Arm, dann den von Andreas. Ich schiele zur Seite. Kein schmerzverzerrtes Gesicht.

Der vollbeladene weiße Ford Transit rollt mit der gesamten Lanteri Sippe vom Hof die steile Straße hinunter in Richtung Garda. Wir winken, bis der Wagen hinter der nächsten Kurve verschwunden ist. Ciao Familie Lanteri!

Es ist still. Außer dem Zirpen der Grillen ist kein Geräusch zu vernehmen. „Komisch", meint Andreas nachdenklich, „ich finde es fast schade, dass sie jetzt abreisen. Ich werde sie vermissen." Ironisch fügt er hinzu: „Ich weiß gar nicht, ob ich so viel Ruhe überhaupt noch ertragen kann." Ich schmunzle in mich hinein.
„Wir sollten unsere Sachen packen. Es wird Zeit, nach Riva abzufahren", fährt mein Bruderherz fort. Da melden sich wieder die Schmetterlinge

in meinem Bauch aufs Heftigste. Vincenzo! Wie es wohl sein wird, ihm wieder gegenüberzustehen? Ich kann gar nicht so richtig verstehen, was in diesen zwei Tagen in Venedig mit mir – mit uns – passiert ist. Nach außen hin eigentlich nicht viel. Wir haben geredet, zusammen gelacht, aber im Grunde ist nichts Außergewöhnliches vorgefallen. Trotzdem ist jetzt alles anders. Ich spüre intuitiv, dass es Vincenzo genauso geht.

„Steh nicht so verträumt hier rum", stupst mich mein Bruder an. „Pack endlich deine Sachen zusammen. Zahnbürste und Schlafanzug nicht vergessen! Na ja, Letzteres brauchst du vielleicht gar nicht", neckt er mich mit einem süffisanten Grinsen.
„Ha, ha, sehr witzig", erwidere ich, „ich kann ja mal Vincenzo anrufen und nachfragen, ob es sich lohnt, den Schlafanzug einzupacken."

Wochenende in Riva del Garda

Claudia, deren Arbeitskollegin eine Ferienwohnung in Riva besitzt, hat uns eingeladen, von Samstag auf Sonntag dort zu übernachten.

„Die Wohnung ist riesig, sie hat drei Schlafzimmer und ein gigantisches Wohnzimmer. Meine Kollegin hat eine große Familie", erklärte sie uns, „wir würden uns freuen, wenn ihr bis Sonntag bleibt. Dann müsst ihr nicht immer hin und her fahren." Dankbar nehmen wir das Angebot an.

Auf der Gardesana sind Scharen von Wochenendausflüglern unterwegs. Die Fahrt gestaltet sich daher schleppend. Um die Mittagszeit treffen wir auf dem Parkplatz vor Riccardos Surfschule ein. Unsere Gastgeber sind bereits damit beschäftigt, ihre Habseligkeiten auszuladen. Nervös blicke ich mich um auf der Suche nach meinem Angebeteten. Wie wird er wohl reagieren, wenn er mich sieht? In meinem Bauch kribbelt es. Dieser Gedanke beschäftigt mich so, dass ich Vincenzo gar nicht kommen sehe. Er legt ganz selbstverständlich den Arm um meine Schultern und drückt mir einen Kuss auf die Wange:

„Ciao Bella!"

Alle tun so, als sei das völlig normal. Nur ich selbst erröte ein bisschen. Mir bleibt keine Zeit, mich komisch zu fühlen. Ich bekomme irgendwelche Utensilien in die Hand gedrückt, die ich zu unserem Liegeplatz am Seeufer bringen soll. Noch ist wenig Betrieb. Wir finden eine geschützte Stelle im Halbschatten, von der aus man auch den mit Bojen abgetrennten Badebereich gut überblicken kann.

Andreas hat sich eine vollständige Windsurfausrüstung ausgeliehen. Vom Ehrgeiz gepackt, will er seine Surfkünste wieder zum Leben erwecken. Ich hege den Verdacht, dass er insgeheim Vincenzo beeindrucken will.

Ich hingegen weigere mich. Erstens sehe ich in dem komisch geschnittenen Neoprenanzug, der meine ohnehin schon etwas ausgeprägten Rundungen noch mehr betont, äußerst unvorteilhaft aus. Zweitens will ich mir nicht die Blöße geben, noch einmal so unelegant aus dem Wasser kriechen zu müssen wie nach meinem ersten Surferlebnis. Schließlich will ich meinen Adonis nicht gleich an unserem ersten gemeinsamen Nachmittag für immer verprellen.

„Schade", neckt mich Andreas, „ich hatte mich schon auf eine amüsante Vorstellung gefreut."
Wenn Blicke töten könnten, müsste ich in ein paar Tagen alleine nach Stuttgart zurückfahren. Die Botschaft kommt auf jeden Fall an, denn mein Bruder verstummt.

Die kleine Alessandra will unbedingt ins Wasser gehen. Also lasse ich mich überreden, mit ihr auf einer Luftmatratze herumzupaddeln.
„Prima", ruft Claudia erfreut, „dann komme ich endlich mal dazu, ein Buch zu lesen."
Vincenzos Nichte und ich toben im See herum. Wir springen um die Wette von den Badeflößen ins Wasser. Das kleine Mädchen jauchzt vor Freude. Es ist schön, ein so unbeschwertes, glückliches Kind erleben zu dürfen. Bald gesellt sich ein weiteres Mädchen zu uns, das ungefähr so alt wie Alessandra sein muss. Sie stellt sich als Mari vor. Bald sind die beiden ins Spiel vertieft. Ich ziehe mich zurück und leiste Claudia Gesellschaft.

Vincenzo bringt Andreas ein paar Surfertricks bei. Mein Bruder stellt sich recht geschickt an, denke ich mit Stolz. Ach – und mein Angebeteter! Wie er da auf dem Surfbrett steht mit sportlicher Figur und angespannten Muskeln. In einer Hand hält er an einem Seil das Segel, das noch im Wasser liegt. Mit der anderen streicht er durch sein lockiges, hellbraunes Haar. Selbstsicher nimmt er das Segel auf, ohne das Gleichgewicht zu verlieren. Schon schwebt er elegant über den See. Mit sehnsüchtigem Blick schaue ich ihm hinterher. Was ist denn bloß in mich gefahren? Bin ich tatsächlich verliebt?

Claudia holt mich in die Realität zurück.
„Ich freue mich, dass er dich mag."
Sie sieht mich nicht an, während sie mit mir spricht. Ihr Blick ist auf den See gerichtet. Es besteht jedoch kein Zweifel, von wem die Rede ist.

„Ehrlich gesagt verstehe ich das alles nicht so richtig", gestehe ich, „er sieht toll aus und hat so viel anzubieten. Er könnte doch jede Frau haben, oder?"
Claudia dreht ihren Kopf in meine Richtung und schaut mir direkt in die Augen:
„Er will eine Frau mit Herz und Verstand. Keine Schaufensterpuppe."
Ich erschaudere. Scheinbar sehen Claudia und ihr Bruder etwas in mir, das ich selbst nicht erkenne. Vielleicht bin ich einfach zu lange allein gewesen und die Angst, verletzt zu werden, ist riesig. Wenn ich allerdings die erste Frau bin, mit der Vincenzo sich nach dem Tod seiner Freundin einlassen will – und den Eindruck habe ich, dann muss seine Angst mindestens genauso groß sein wie meine. Die Frau neben mir scheint meine Gedanken zu lesen:
„Vincenzo sieht gut aus und wirkt sehr selbstbewusst, aber er ist auch sehr sensibel. Seit Maria tot ist, habe ich ihn mit keiner anderen Frau gesehen. Ich merke doch, dass du ihn auch magst. Gib ihm eine Chance."

Was soll das denn heißen? Natürlich will ich ihm eine Chance geben. Nichts lieber als das! Da gibt es nur dieses klitzekleine Problem: Ab Mittwoch liegen über siebenhundert Kilometer zwischen uns. Wie soll sich daraus eine stabile Beziehung entwickeln?

Vermutlich hat Claudia hellseherische Fähigkeiten, die ich bisher nicht erkannt habe:
„Natürlich wohnst du nicht gerade um die Ecke, aber ich bin mir sicher, dass sich die Dinge regeln, wenn es passt."
Die hat gut reden! Das Selbstvertrauen will ich gerne haben. Meine Gesprächspartnerin wendet sich ab und schlingt die Arme um ihre angezogenen Knie. In stillem Einvernehmen sitzen wir auf der Picknickdecke und blicken auf den See hinaus.

Endlich scheinen auch die Surfer eine Pause zu brauchen. In ihren triefenden Neoprenanzügen lassen sie sich neben uns ins Gras fallen.
„Wir haben da draußen zwei Engländer kennengelernt, die für ein paar Tage hier sind. Die sind echt cool drauf. Wir wollen nachher noch ein paar Runden drehen", erzählt Andreas begeistert. Die besagten Briten ziehen in

Richtung von Riccardos Coffeeshop ab. Im Vorbeigehen werfen sie meinem Bruder ein „See you later" zu.

Vincenzo windet sich aus seinem Surfanzug.

„Ich mache Schluss für heute", bedeutungsvoll blickt er mir dabei in die Augen.

Ja, jubele ich innerlich.

Nachdem wir alle etwas in der Sonne gedöst haben, lädt mein Verehrer mich zu einem Spaziergang am Seeufer ein. Wir schlendern durch den wunderschön angelegten Park, der sich bis zum Hafen am Ortseingang erstreckt. Ganz selbstverständlich nimmt er meine Hand und drückt sie ermutigend. „Ich freue mich schon den ganzen Tag darauf, endlich mit dir alleine zu sein", strahlt er mich an. Alles scheint so vertraut, obwohl es neu ist. Plötzlich überkommt mich ein Gefühl, als ob wir uns schon seit Ewigkeiten kennen und uns nur vorübergehend etwas aus den Augen verloren haben. Spielen nun meine Hormone verrückt oder was soll das werden? Ich weiß es nicht. Der Mann an meiner Seite zeigt keinerlei Unsicherheit. So scheint es zumindest.

Die Situation ist absurd. Ich schwebe auf einer rosa Wolke, habe endlich das Gefühl, angekommen zu sein und gleichzeitig quälen mich die schlimmsten Ängste meines Lebens. Letzteres vermutlich aus der Befürchtung heraus, dass ich das, was ich gerade gefunden habe, schon bald wieder verlieren werde. Sicher wird er mich bald vergessen.

Ich hole tief Luft und beschließe, mutig zu sein:

„Weißt du, Vincenzo, meine letzte Beziehung endete vor vier Jahren, weil mein damaliger Freund sich angeblich entliebt hat. Ich vermute, dass da eine andere Frau existierte, auch wenn er das nicht zugeben wollte."

Mein Herz klopft wie wild. Ich will nicht als verkrachte Existenz erscheinen, die ihr Gefühlsleben nicht in den Griff bekommt. Allerdings kann ich das nicht besonders glaubwürdig vermitteln, da mir bereits nach dem ersten Satz die Tränen in den Augen stehen. Nun fange ich auch noch an zu stottern:

„Also, äh, was ich sagen will, glaube ich, ist, dass ich einfach schreckliche

Angst habe, wieder enttäuscht zu werden." Ich rede immer schneller: „Außerdem reise ich am Mittwoch ab. Das war's dann. Oder?"

In meiner Stimme schwingen gleichzeitig Resignation und Hoffnung mit, dabei sehe ich Vincenzo mit angstvollem Blick an. Hastig rede ich weiter: „Also, ich meine, jetzt haben wir uns gerade gefunden ..."

Er hält mich mit beiden Händen an den Schultern fest. Dabei sieht er mir erstaunt in die Augen:

„Moment, Melanie, jetzt gehen dir aber die Pferde durch. Wer sagt denn, dass wir uns nicht wiedersehen, wenn du am Mittwoch nach Hause fährst? Ich will dich unbedingt wiedersehen! Wie du sagst, wir haben uns ja gerade erst gefunden."

Er holt tief Luft. Dabei sieht er nicht mehr ganz so selbstsicher aus: „Falls es dich beruhigt. Auch ich habe Angst. Vermutlich hat es dir meine Schwester schon erzählt."

Seine Hände zittern etwas.

„Meine Freundin, die ich heiraten wollte, ist vor etwas mehr als einem Jahr tödlich verunglückt. Bis vor ein paar Tagen glaubte ich, nie mehr jemand lieben zu können – bis zu dem Abend, als wir zusammen auf der Dachterrasse meiner Schwester saßen. Ich weiß nicht, was da passiert ist. Aber da wusste ich, dass ich mit dir zusammen sein will."

Nun ist es endgültig um meine Selbstbeherrschung geschehen. Ich sinke in seine Arme und schluchze an seiner Schulter. Wir stehen mitten auf dem Landekai des pittoresken Hafens von Riva. Rund um uns schaukeln weiße Boote in der Sonne. Mir laufen die Tränen über die Wangen.

Das ist nicht die Melanie, die ich kenne, die ihr Leben im Griff hat und sich durch nichts umwerfen lässt. Aber da ist noch etwas, das ich nicht kenne. Zum ersten Mal in meinem Leben fühle ich mich aufgehoben. Dieser Mann – das spüre ich deutlich - will keine Melanie, die man vorzeigen kann, weil sie jedermanns Erwartungen entspricht. Er will einfach mich – so wie ich bin. Auch mit verheultem Gesicht und zerzausten Haaren. Ich sehe zwar vermutlich nicht so aus, aber jetzt geht es mir deutlich besser. Ich bringe sogar ein Lächeln zustande, das Vincenzo bereitwillig erwidert.

Er zieht einen Schlüssel aus der Hosentasche:

„Komm, wir gehen für eine Weile in die Ferienwohnung. Da sind wir ungestört."

Er führt mich über die Hauptstraße. Wir gehen zwischen ein paar Hotels auf einen Wohnblock zu. Vincenzo schließt die Wohnung mit der Nummer 10 auf. Ein riesiges Wohnzimmer mit Blick auf den Hafen von Riva erwartet uns. Claudias Kollegin scheint gut betucht zu sein. Ein Hauch von Luxus schlägt uns entgegen.

Mein neuer Verehrer küsst mich stürmisch.

„Endlich", lacht er befreit, „darauf musste ich lange genug warten."

„Du weißt ja", entgegne ich, „was lange währt, wird endlich gut."

„Hab ich noch nie gehört", antwortet er, „aber das gefällt mir!"

Ausgiebig genießen wir unsere Zweisamkeit. Eng umschlungen liegen wir auf dem Sofa. Vincenzo streichelt zärtlich meinen Rücken, während er mir tief in die Augen sieht.

„Es ist schön, dir so nah sein zu dürfen", flüstert er mir mit samtiger Stimme ins Ohr.

Das kann ich nur bestätigen. Er ist leidenschaftlich, trotzdem fühle ich mich nicht überrumpelt. Er scheint mir von den Augen abzulesen, wie weit er gehen darf. Da ist es wieder, dieses Gefühl von Geborgenheit!

Irgendwann - jegliches Zeitgefühl ist uns verloren gegangen - beschließen wir, dass wir uns wieder bei der Surfschule blicken lassen müssen. Also schlendern wir Hand in Hand zurück.

„Wo kommt ihr denn her?", werden wir von Andreas vorwurfsvoll begrüßt.

„Wir waren nur spazieren", lügt Vincenzo.

„Habt ihr euch geküsst?" plappert eine Kinderstimme. Alessandra starrt interessiert auf unsere eng verschlungenen Hände. Vincenzo streicht ihr wortlos über die Haare. Aber sie lässt nicht locker.

„Heiratet ihr jetzt?", fragt sie penetrant weiter.

„Wie kommst du darauf?", will der Mann an meiner Seite wissen.

„Wenn man Händchen hält und sich küsst, dann muss man heiraten", erklärt sie uns wissend. Ganz die Expertin. Wir brechen alle in Gelächter aus.

Donnerwetter

„Wir gehen etwas trinken", ruft uns Andreas im Vorbeigehen zu. Mit diesen Worten trottet er seiner neuen Clique hinterher, die in Riccardos Coffee-shop verschwindet.

Es ist schwül geworden. Ein leichter Wind kommt auf, der uns die schwere, feuchte Luft um die Nase weht.
„Mama, darf ich ins Wasser gehen?", bettelt die kleine Alessandra. Dabei wirft sie ihrer Mutter einen flehenden Blick zu, der jedes Herz zum Schmelzen bringt. Claudia lächelt.
„Na gut, aber bleib bitte in der Nähe der Bojen."
Das Mädchen schnappt sich eine Luftmatratze und schleift sie hinter sich her zum Seeufer. Ihre neue Freundin Mari, die ein Schlauchboot in Form einer überdimensionalen Gummiente hinter sich herzieht, gesellt sich zu ihr. Plötzlich hat Alessandra ihr Interesse an der Luftmatratze verloren. Zu zweit tummeln sich die Kinder mit der Riesenente im Wasser.

Ich sitze mit angewinkelten Beinen auf der Picknickdecke. Mein Kopf ruht auf Vincenzos Schulter. Er hat seinen Arm um meine Taille gelegt. Claudia liegt träge auf dem Bauch. Auf die Ellenbogen gelehnt, stützt sie mit beiden Händen ihr Kinn ab.
„Erzähl doch Melanie mal von deiner ersten Surfstunde, Schwesterherz", stichelt Vincenzo. Schmunzelnd wirft er mir einen Seitenblick zu. „Vielleicht fühlt sie sich dann etwas besser."
Claudia stöhnt und spielt die Empörte.
„Bei jeder Familienfeier bekomme ich das zu hören. Mein Mann kann auch ganz gut surfen. Leider. Er findet die Geschichte mindestens so witzig wie Andreas und Vincenzo."
Meine Leidensgenossin zwinkert mir verschwörerisch zu. Wir sind so in unsere Plauderei vertieft, dass wir nicht bemerken, wie sich der Himmel verdunkelt.
„Mama, schau mal", ruft eine Kinderstimme. Mit einem Mal ist Claudias Lächeln verschwunden. Erschrocken springt sie von der Decke hoch.

„Alessandra, komm sofort zurück. Ich habe dir gesagt, du sollst bei den Bojen bleiben."

Das mit einem Entenkopf verzierte Schlauchboot treibt langsam auf den See hinaus. Über dem Monte Baldo brauen sich dicke Gewitterwolken zusammen. In der Ferne ist Donnergrollen zu hören. Vincenzos Lässigkeit schlägt plötzlich in Panik um. Blitzschnell fährt er hoch und erreicht noch vor seiner Schwester den Kiesstrand.

„Alessandra, ihr müsst sofort zurückpaddeln", ruft er mit angsterfüllter Stimme. Mit wilden Gesten versucht er, den Kindern Anweisungen zu geben. Leider sind die billigen Plastikruder nicht wirklich für den ihnen zugedachten Zweck geeignet. Das Schlauchboot lässt sich nicht steuern.

Der Wind nimmt schlagartig zu und zerrt an meinen Haaren. Im Augenwinkel entdecke ich ein Ruderboot am Steg vor Riccardos Surfschule. Vincenzo und Claudia sind so außer sich, dass sie meine Anwesenheit vergessen haben. Ich stürme in den Coffeeshop.

„Riccardo, ich brauche sofort ein paar Ruder für das Boot da draußen! Die Kinder sind auf dem See. Ich muss sie zurückholen", stoße ich atemlos hervor.

Der Surflehrer schaut mich etwas verwirrt an, händigt mir aber trotzdem die gewünschten Objekte aus. Andreas schielt von seinem Tisch aus zu mir herüber.

„Was ist los?", fragt er besorgt.

„Komm schnell, du musst uns helfen!", rufe ich ihm zu. Schon bin ich durch die Tür nach draußen verschwunden. Mein Bruder hastet mir hinterher.

Vincenzo ist im Begriff, sich ins Wasser zu stürzen. Der zunehmende Wind hat die sonst glatte Wasseroberfläche in ein Meer von Wellen verwandelt. Andreas packt Vincenzo gerade noch rechtzeitig am Arm.

„Du kannst da nicht rausschwimmen", zischt er ihn an, „das ist viel zu gefährlich. Siehst du das nicht?"

„Ich kann doch nicht zusehen, wie meine Nichte da draußen ertrinkt!"

Mit panikerfüllten Augen starrt er Andreas an. Claudia hat die Hände vor das Gesicht geschlagen und weint verzweifelt.

„Kümmert euch um Claudia. Ich hole die beiden mit dem Boot zurück", rufe ich den zwei Männern zu.

Vincenzo ist hin und hergerissen. Ich verschwende keine Zeit und springe in das Boot. Mein allwöchentlicher Drill beim Cannstatter Ruderklub soll nicht umsonst gewesen sein. Zwar üben wir normalerweise auf dem eher gemächlich dahinfließenden Neckar, nicht bei orkanartigen Windböen auf einem See, aber ich habe keine Wahl. Mit kräftigen Zügen rudere ich auf den Gardasee hinaus. Der Wind bläst mir entgegen, sodass ich doppelt so viel Kraft aufwenden muss als sonst. Mein Ruderboot tänzelt auf den Wogen auf und ab, auf denen sich Schaumkronen bilden. Mittlerweile ist mir ziemlich mulmig zumute. Ich überlege krampfhaft, wie weise meine Entscheidung war, die Heldin zu spielen. Wirre Gedanken schießen mir durch den Kopf.

„Mama, ich hab Angst", höre ich die kleine Alessandra schreien. Mari klammert sich weinend an den wulstigen Rand des Schlauchboots, das wie eine Nussschale von den Wellen umhergeschleudert wird. Das lässt mich meine eigene Angst vergessen.

Das Gewitter kommt näher. Der Donner grollt lauter und in kürzeren Abständen.

„Ich bin gleich bei euch", brülle ich den Mädchen lauthals zu, doch meine Worte werden von einem heftigen Donnerschlag verschluckt. Die Kinder kreischen erschrocken. Endlich habe ich das Schlauchboot erreicht. Als ich Alessandra in mein Boot zerre, saust der erste Blitz über dem Monte Baldo herunter.

„Warte einen Moment, Mari. Ich hole dich gleich."

Das andere Mädchen ist so panisch, dass es selbst versucht, in das Ruderboot umzusteigen und dabei ins Wasser stürzt.

„Gib mir deine Hand." Ich strecke meinen Arm nach ihr aus. Bevor ich nach der kleinen Kinderhand greifen kann, wird das Mädchen von einer Welle verschluckt. Hustend taucht es wieder auf. Irgendwie bekomme ich Mari an ihrem Badeanzug zu fassen und bugsiere sie ins Boot. Die nächste Welle rollt bereits auf uns zu. Die Wogen heben und senken unseren Holzkahn wie eine außer Kontrolle geratene Achterbahn.

„Habt keine Angst", versuche ich die kleinen Freundinnen zu beruhigen. Mit wenig Erfolg. Meine Stimme zittert.

Mit einem enormen Kraftakt reiße ich das Boot herum, um dem rettenden Ufer entgegenzurudern. Das Gewitter folgt uns auf den Fersen. Es beginnt, heftig zu regnen. Innerhalb von Sekunden sind wir völlig durchnässt. Eine

Windböe reißt das Schlauchboot in die Luft und wirbelt es über unseren Köpfen davon.

„Ich will zu meiner Mama", weint Mari. Alessandra ist vor Schreck verstummt und klammert sich an der Bootskante fest. Die Wellen spielen mit unserem Boot, sodass wir heftig hin und hergeschleudert werden. Wir sind den Elementen ausgeliefert, da ich die Fahrtrichtung nicht mehr selbst bestimmen kann. Langsam schwinden meine Kräfte. Das Ufer ist in greifbarer Nähe, trotzdem scheint die Entfernung endlos.

Andreas hat den Arm beruhigend um Claudia gelegt. Sie weint an seiner Schulter. Vincenzo patrouilliert aufgewühlt am Kiesstrand auf und ab. Maris Eltern klammern sich ängstlich aneinander.

Wenige Meter vom Ufer entfernt sind meine Kraftreserven aufgebraucht. Ich bin erschöpft.

„Ich kann nicht mehr", rufe ich völlig außer Atem. Meine Arme fühlen sich an wie Blei. Vincenzo und Andreas sprinten wie auf Kommando ins Wasser, um das Boot an Land zu zerren. Mittlerweile fegen orkanartige Windböen über den Gardasee. Die Baumkronen biegen sich. Blätter und Äste fliegen durch die Luft. Blitze erhellen im Minutentakt den schwarzen Himmel. Mit letzter Kraft stolpere ich auf den Kiesstrand. Endlich habe ich wieder festen Boden unter den Füßen.

Maris Eltern eilen mit ihrer Tochter davon, um sie ins Trockene zu bringen. Auch wir flüchten in das schützende Gebäude der Surfschule.

Die völlig aufgelöste Claudia hält ihre Tochter in fester Umklammerung. Vincenzo schließt mich wortlos in die Arme. Dabei drückt er mich so fest, dass mir die Luft wegbleibt.

„Ich hatte solche Angst, dass ihr es nicht rechtzeitig zum Ufer zurückschafft", flüstert er mir ins Ohr. Ich spüre seine Tränen auf meiner Haut. Langsam weicht meine Anspannung, aber damit auch meine Selbstbeherrschung. Nun breche auch ich in Tränen aus.

Mit zitternder Stimme erwidere ich schniefend:

„Besonders viel Vertrauen in meine Ruderkünste hast du nicht, oder?"

Wir sind alle nass bis auf die Haut. Glücklicherweise haben wir noch ein paar trockene Kleider im Auto. Der gute Riccardo hat sich nützlich gemacht. Er schleppt Getränke sowie einen großen Topf Minestronesuppe an. Nach einem sättigenden Essen geht es uns allen etwas besser. Außerdem hat der Gewitterregen fast aufgehört. Das Unwetter ist so plötzlich weitergezogen, wie es gekommen ist. Nur in der Ferne ist noch ein Donnergrollen zu vernehmen.

Nachdem wir unsere Sachen ins Auto gepackt haben, fahren wir zu unserem Nachtquartier. Natürlich tue ich so, als ob das alles für mich neu wäre. Vincenzo und ich wollen nicht verraten, dass wir einen Teil des Nachmittags hier verbracht haben.

Claudia und Alessandra ziehen sich sofort in eines der Schlafzimmer zurück. Ich lasse mich mit Andreas und Vincenzo zunächst im Wohnzimmer nieder. Eine Panoramascheibe gewährt einen großzügigen Blick auf den eleganten Jachthafen. Wir haben alle Drei das Gefühl, jetzt noch nicht schlafen zu können. Also versorgen wir uns mit Getränken und lassen diesen verrückten Samstag Revue passieren. Noch nie habe ich solch einen emotionalen Tag erlebt: morgens Abschied von der Familie Lanteri, nachmittags Wiedersehen mit Vincenzo und ein Gewitter auf dem Gardasee mit Rettungsaktion. Mein Liebster hält mich den ganzen Abend lang im Arm. Ich habe das Gefühl, er will mich gar nicht mehr loslassen aus Angst, mich doch noch an den wütenden Gewittergott zu verlieren, der wenige Stunden zuvor über dem See tobte. Später beansprucht Andreas eines der beiden übrig gebliebenen Schlafzimmer und wünscht eine gute Nacht.

Der Regen ist nochmals stärker geworden und prasselt gegen die Panoramascheibe. Das gleichmäßige Geräusch hat etwas Beruhigendes. Vielleicht bin ich davon müde geworden. Ich gähne und will nun doch ins Bett.
„Schläfst du bei mir?", fragt Vincenzo mit sanfter Stimme, während er mich so durchdringend ansieht, dass ich das Gefühl habe, er könne in meine Seele schauen. Als ich kurz zögere, fährt er hastig fort:
„Bitte - ich möchte gerne morgen mit dir zusammen aufwachen."
Es bedarf keiner allzu großen Überzeugungskraft, mich umzustimmen.
„Das stelle ich mir sehr schön vor."

Der Tag danach

Wir müssen sehr erschöpft gewesen sein, denn keiner von uns erwacht vor zehn Uhr. Zumindest vernehme ich kein Geräusch aus einem der anderen Zimmer, als ich um diese Zeit meine Augen aufschlage. Ach ja, da liegt Vincenzo neben mir und schlummert noch selig. Ich sehe ihn eine ganze Weile an, dabei seufze ich glücklich. Sein ebenmäßiges Gesicht mit den langen Wimpern wirkt entspannt. Irgendwann scheint er zu spüren, wie mein Blick auf ihm ruht. Er öffnet die Augen und zieht mich fest an sich.

„Es ist schön mit dir aufzuwachen, Melanie", flüstert er mir ins Ohr. So liegen wir noch eine ganze Weile, bis die Tür aufgeht und Alessandra hereinspaziert kommt. In ihrem Alter macht man sich über Privatsphäre noch wenig Gedanken. Sie springt ganz selbstverständlich auf das Bett. Dabei lässt sie sich genau zwischen uns fallen. So ganz will sie auf ihren Onkel nicht verzichten.

Alles in allem haben wir beiden Turteltäubchen nicht besonders viel Schlaf abbekommen. Als wir endlich im Bett lagen, waren wir plötzlich wieder hellwach. Fast die ganze Nacht lang redeten wir über alle möglichen Themen, die uns auf der Seele brannten. Immerhin müssen wir uns besser kennenlernen. Gut, wir haben nicht ausschließlich geredet, aber doch die meiste Zeit. Vincenzo erzählte von dem Abend, als die Polizei vor seiner Haustür erschien, um ihn über den Tod seiner Verlobten zu informieren, wie er kurz vor einem Nervenzusammenbruch stand und eine Zeit lang keinen Sinn mehr im Leben sehen konnte.

„Weißt du", erklärte er mir, sein Blick schweifte ins Leere ab, „als du da draußen auf dem See warst, hatte ich plötzlich wieder den mitleidigen Gesichtsausdruck diesen Polizisten vor Augen ... und diesen abgedroschenen Satz im Ohr ... es tut mir wirklich leid, Herr Castore."

Ich berichtete von Jonas. Fünf Jahre lang waren wir liiert, als er mich über seinen Wunsch informierte, den Rest seines Lebens ohne mich fortzusetzen. Ich war todunglücklich, weil er mir keinen Grund für seinen Rückzug nennen konnte. Fast zwei Jahre lang quälte ich mich mit Selbstzweifeln und

Selbstvorwürfen. Hatte ich etwas falsch gemacht? Stimmte etwas nicht mit mir? Auch die schlichte Aussage meines Bruders Andreas: „Der ist ein Idiot, wenn er dich einfach so gehen lässt!", konnte mich damals nicht wirklich trösten. An dieser Stelle hat Vincenzo laut gelacht:

„Da gebe ich Andreas recht. Der ist tatsächlich ein Idiot. Aber einer, dem ich sehr dankbar bin, denn sonst wärst du jetzt nicht hier bei mir."

So kann man das natürlich auch betrachten. Im Nachhinein zumindest!

Außerdem habe ich erfahren, dass der neue Mann in meinem Leben noch zwei ältere Brüder hat, die beide verheiratet sind. Der Älteste lebt mit Frau und zwei Söhnen in Mestre, der andere hat keine Kinder und lebt mit seiner Gattin in Verona. Seine Eltern, die bereits pensioniert sind, wohnen ebenfalls in Venedig, ganz in der Nähe von Claudias Haus.

Sein Geld verdiene er als Marketingmanager bei einer großen internationalen Firma in Mestre, so berichtete mir Vincenzo. Aber sein Traum sei es, bei Riccardos Surfschule mit einzusteigen, um als Surflehrer zu arbeiten.

Nun weiß ich Bescheid. Keine schlechte Bilanz für eine Nacht. Außerdem wollte ich noch den Rest meiner Lebensgeschichte loswerden. Meine Arbeit als Ausbilderin in einem mittelgroßen Verlag, meinen Traum, als Autorin erfolgreich zu sein, meine Leidenschaft für das Rudern – alles sollte er von mir wissen. Letzteres half mir nach der Trennung von Jonas, meine Wut loszuwerden. Damit hatte ich meine Energie in andere Bahnen gelenkt.

Meinen einzigen Bruder, der aufgrund seiner unfreiwilligen Trennung vorübergehend bei meinen Eltern wohnt, kennt er bereits. Mehr Geschwister habe ich nicht anzubieten.

Der Morgen graute schon, als wir endlich einschliefen.

Beim Frühstück bemerke ich dunkle Ringe unter Claudias schönen blauen Augen. Sie gähnt häufig und wirkt angespannt.

„Mama, kann ich nachher baden gehen?", fragt die kleine Alessandra aufgeregt, während sie auf ihrem Stuhl herumzappelt.

„Nein, Schatz, heute nicht", antwortet ihre Mutter mit abwesendem Blick.

Sie wirkt, als laste ein schweres Gewicht auf ihren Schultern. Vincenzo wirft seiner Schwester einen besorgten Blick zu.

Der Einzige, der ausgeruht aussieht, ist Andreas.

„Ich fahre mit Alessandra nach dem Frühstück nach Hause", murmelt die etwas blasse Claudia, ohne jemanden anzuschauen, „ich bin immer noch ganz fertig."
Vincenzo legt seiner Schwester beruhigend die Hand auf die Schulter.
„Ich finde, wir sollten heute alle nochmals gemeinsam ein paar Stunden an den Strand gehen. Wir sind gestern glimpflich davongekommen und ihr wollt bestimmt einmal wieder hierher kommen", erkläre ich mit Nachdruck.
An Claudia gewandt, fahre ich fort: „Wenn du jetzt nach Hause fährst, nimmst du ein schlechtes Gefühl mit und kommst beim nächsten Mal vielleicht nicht mehr gerne her. Was meinst du? Sollen wir es wenigstens versuchen?" Vincenzo wirft mir einen ehrfürchtigen Blick zu. Er hat wohl meine psychologischen Fähigkeiten unterschätzt.

„Bitte, bitte Mama", bettelt die kleine Alessandra, „ich will baden gehen."
„Also gut", stimmt Claudia zögerlich zu, „wir versuchen es."
Ihre Tochter veranstaltet einen Indianertanz um den Esstisch.

Das Gewitter vom Vortag ist wie weggefegt und hat einen strahlend blauen Himmel zurückgelassen. Die Sonne lacht, als ob nichts vorgefallen wäre. Lediglich die überall verstreuten Blätter und Äste erinnern noch an das stürmische Ereignis. Andreas ist mit seinen englischen Surfkumpanen auf Tour. Von ihm bekommen wir wenig zu sehen. Am späten Nachmittag machen sich Claudia und ihre Tochter auf den Rückweg nach Venedig. Mein lieber Vincenzo, der sich seiner Sache offenbar sehr sicher war, hat vorsichtshalber bis Mittwoch Urlaub genommen. Am Mittwochmorgen müssen wir dann bis zehn Uhr die Ferienwohnung räumen. Anschließend wird die lange Rückfahrt nach Stuttgart folgen. Daran will ich jetzt nicht denken. Zuerst habe ich noch zwei volle Tage mit meinem neu gewonnenen Schatz vor mir.
Claudia hat uns den Schlüssel für die Ferienwohnung in Riva überlassen.

Andreas will bis Dienstagabend vor Ort bleiben, um mit der englischen Clique, die nun auf fünf Männer angewachsen ist, seine Surfkünste zu verbessern. Ich habe den Eindruck, dass es ihm nicht nur darum geht. Er will mir und Vincenzo so viel traute Zweisamkeit wie möglich zugestehen. Mein Bruder ist lockerer geworden, der Urlaub scheint ihm gut zu tun. Er hat neue Kontakte geknüpft, ist nicht mehr so mürrisch und bieder, wie ich ihn aus der Zeit mit seiner Ex-Freundin in Erinnerung habe. Vielleicht ist es sogar gut gewesen, dass Janine ihn verlassen hat. Möglicherweise kommt jetzt der wahre Andreas zum Vorschein, der nicht mehr versuchen muss, der Vorzeigepartner zu sein, den die standesbewusste Janine gerne gehabt hätte. Wenn ich mein Brüderchen so betrachte, ist er eine gute Partie. Sein Umgang mit der brenzligen Situation am Tag zuvor war sehr souverän. Hoffentlich trifft er eine Frau, die das zu schätzen weiß. Momentan scheint das aber kein Thema zu sein, denn er ist mit seinen Surfkumpanen zu einem Männerabend aufgebrochen.

Vincenzo und ich liegen faul auf einer Picknickdecke am Seeufer. „Hättest du denn Lust, es morgen nochmals zu versuchen mit dem Surfen?", raunt er mir ins Ohr, „ich bin ein guter, geduldiger Surflehrer." Dabei grinst er verschmitzt. Oh weh. Zwickmühle. „Lachst du mich auch bestimmt nicht aus?", frage ich zweifelnd. „Ich schwöre es", verspricht er mir und hebt dabei schmunzelnd die Hand. Aus der Nummer komme ich nicht raus. „Na gut", gebe ich klein bei. Habe ich tatsächlich zugesagt? Muss ich mich am nächsten Tag wirklich in einen Neoprenanzug quetschen, der meine Figur im ungünstigsten Licht zeigen wird? Ich ergebe mich meinem Schicksal. Es gibt sowieso kein Zurück. Außerdem hat mich Vincenzo mittlerweile auch nackt gesehen, da kann so ein Surfanzug wohl auch keinen größeren Schaden mehr anrichten.

Im Laufe der letzten Woche ist es jeden Tag etwas heißer geworden. Die Hitze des Tages klingt langsam ab, ein lauer Frühsommerabend bricht an. Nachdem Vincenzo kurz auf seinem Handy telefoniert hat, springt er auf: „Komm, wir ziehen uns um. Ich habe eine kleine Überraschung." „Oh, wo soll es denn hingehen?", frage ich erstaunt. „Nach Nago. Wir gehen da etwas essen", lautet die Antwort.

Terrazze della Luna heißt das Restaurant. Es liegt unterhalb der Burg von Nago und ist zum Teil in die habsburgische Befestigungsanlage hineingebaut. Die Terrasse ist winzig. Es gibt zwei Tische. Einer davon ist unserer!
„Wow", rufe ich erstaunt aus, "wie hast du das denn geschafft, diesen Tisch zu ergattern?"
„Geheimnis", zwinkert er mir zu und schaut mich bedeutungsvoll an.
Der Ausblick auf den See ist atemberaubend. Vermutlich ist irgendein armer Tourist unseretwegen von dem Tisch vertrieben worden. Der Kellner kommt an und schüttelt meinem Liebsten die Hand. Aha, persönliche Beziehungen also.
„Gibt es irgendetwas, was du nicht magst? Sonst bestelle ich einfach mal was für uns beide. Es gibt hier tolle Gerichte", schlägt Vincenzo vor. Ich lasse ihn gewähren. Es ist schön, sich um nichts kümmern zu müssen. Ich bin noch nie in meinem Leben so hofiert worden und genieße es in vollen Zügen.
Mein italienischer Begleiter hat recht behalten. Das Essen ist vorzüglich. In der Zwischenzeit ist es dunkel geworden. Die Orte Tórbole und Riva, die man von oben sehen kann, sind hell erleuchtet. Aus einem Lautsprecher singt Eros Ramazotti „Parla con me".
„Ich kann nicht glauben, dass uns nur noch zwei Tage bleiben."
Ich habe einen Kloß im Hals.
„Zwei Tage und drei Nächte", Vincenzo greift nach meiner Hand und versucht zu lächeln. Trotzdem ist diese Melancholie wieder da, die ihm in den letzten beiden Tagen abhandengekommen war.

An diesem Abend sind wir todmüde. Vier Stunden Schlaf sind eben doch nicht ausreichend. Mitten in der Nacht werden wir unsanft geweckt. Die Haustür fällt ins Schloss.
„Verflixter Mist, wo ist denn der Lichtschalter", flucht eine lallende Stimme. Andreas – normalerweise die Selbstbeherrschung in Person – ist in volltrunkenem Zustand nach Hause gekommen. Das ist nun schon der zweite Ausrutscher in diesem Urlaub.
„D... D... Dave ha g'sagt, ich kann nich so viel trinken wie er, kann ich doch", schwankend steht er vor uns. Vincenzo lässt sich nicht aus der Fassung bringen.
„Du legst dich jetzt hier auf das Sofa und schläfst", mit diesen Worten packt

er ihn beim Arm und bugsiert ihn auf die Couch. Wir ziehen ihm nur die Schuhe aus, werfen eine Decke über ihn und löschen das Licht.

„Männerabend."

Ich zucke mit der Schulter. Lachend gehen wir zurück ins Bett.

„Hat jemand ein Aspirin?", krächzt eine Stimme, als ich am nächsten Morgen gähnend aus dem Schlafzimmer tapse.

„Nix da", erwidere ich gnadenlos, „wer saufen kann, muss auch die Folgen aushalten. Ich hoffe, du hattest Spaß."

„Hatte ich", lautet die Antwort, „nur dass ich mich jetzt wie ein geprügelter Hund fühle."

„Es gibt da ein Geheimrezept aus meiner Familie", verrät Vincenzo, „während meiner Studentenzeit war es ab und zu sehr nützlich."

„Mir ist alles egal", jammert mein Bruder. Vincenzo mixt etwas zusammen und reicht das Glas weiter. Andreas verzieht angeekelt das Gesicht:

„Was ist das für ein Zeug? Egal, ich will es nicht wissen. Hauptsache, es hilft."

Das tut es tatsächlich. Wenig später fühlt sich der Kopfschmerzgeplagte schon merklich besser.

Auf ein Neues

Nun naht meine persönliche Surfstunde. Ich brauche etwas länger, um mich in diesen unleidlichen Surfanzug zu quetschen. Ich fühle mich unwohl und habe zudem noch mit dem Surfboard zu kämpfen. Am Seeufer steht Vincenzo, der sich mit einer gertenschlanken Blondine mit zu einem Pferdeschwanz zusammengebundenen Haaren unterhält. Sie trägt einen knappen rosa Bikini. Eifrig flirtet sie mit dem Mann meines Herzens, der etwas gelangweilt drein schaut. Trotzdem durchzuckt mich ein Anflug von Eifersucht. Ich fühle mich im Nachteil, da ich gerade nicht besonders elegant aussehe. Diese blöde Unsicherheit! Ich kann sie einfach nicht abschütteln. Mein Privatlehrer nimmt mir das Surfbrett ab und legt seinen Arm um meine Schulter. Blondie lässt sich davon nicht abschrecken. Unbeeindruckt zwinkert sie Vincenzo zu und drängt ihm ihre Handynummer auf. Das ist ja ein Ding! Was will die denn? Als wir sie endlich abgeschüttelt haben, wirft mein Begleiter Blondies Handynummer in den nächsten Papierkorb. „Was sollte das denn werden?", frage ich gereizt.
„Die hängt öfter hier im Surfklub rum. Das Wort ‚nein' kommt in ihrem Vokabular nicht vor", antwortet Vincenzo mit einer wegwerfenden Handbewegung. Trotzdem. Ich bin verstimmt.

Meine Surfstunde verläuft gar nicht so schlecht. Natürlich verbringe ich auch diesmal mehr Zeit im Wasser als auf dem Brett. Nichtsdestotrotz hat Vincenzo nicht übertrieben. Er ist tatsächlich ein sehr geduldiger Surflehrer. Ich kann mir gut vorstellen, dass er in diesem Beruf aufgehen würde, bin mir aber nicht sicher, was ihn davon abhält, ihn zu ergreifen. Andererseits gefällt mir die Idee nicht, dass er auch Leute wie Blondie unterrichten würde, die keine Hemmungen hätten, sich ihm an den Hals zu werfen.

Stippvisite in Verona

Gerade haben wir unseren Surfunterricht beendet, als Vincenzos Handy klingelt. Nach einem kurzen Gespräch legt er auf.
„Das war mein Bruder Mario aus Verona. Seine Frau und er würden uns gerne heute Abend zum Essen einladen. Wir könnten nachmittags schon hinfahren. Ich habe mal eine Weile in Verona gewohnt, ich könnte dir die Stadt zeigen?"
Ermunternd sieht er mich an.
„Ja, gerne."
Ich weiß zwar nicht, wie sein Bruder in der kurzen Zeit von mir erfahren hat, aber die Buschtrommeln scheinen perfekt zu funktionieren.

Wir verabschieden uns von Andreas, der wieder mit seiner Clique loszieht. Es dauert eine gute Stunde, bis wir Verona erreichen, eine richtige Großstadt mit Verkehrslärm und Parkplatznöten. Als ehemaliger Einwohner weiß Vincenzo, wo er parken kann, ohne zu einer hohen Strafe verdonnert zu werden. Nach unserem Erlebnis in Malcésine bin ich verkehrspolizeigeschädigt. Erst als mein privater Stadtführer mir mehrmals versichert hat, dass wir hier bestimmt keinen Strafzettel bekommen werden, ziehen wir los.

„Gehst du gerne in die Oper, Melanie?", mein Gefährte zieht mich an der Hand in Richtung der Arena, die man auch tagsüber besichtigen kann. Das Areal ist beeindruckend. Hier eine Oper live zu erleben, stelle ich mir atemberaubend vor.
„Es kommt auf die Oper an, aber grundsätzlich schon. Carmen mag ich oder La Traviata."
Vincenzo sieht mich verträumt an:
„La Traviata, meine Lieblingsoper ..."
Er verspricht mir, Karten für eine Vorstellung im kommenden Sommer zu besorgen.

Auch der Pilgerstätte aller frisch Verliebten statten wir einen Besuch ab: der

Casa di Guilietta in der Via Cappello. Schon so manches Liebespaar hat sich dort mit einer Inschrift in der Mauer verewigt. Darauf verzichten wir, obwohl wir schon interessiert die Kritzeleien auf dem Gemäuer studieren.

Wir bummeln gerade durch die Via Mazzini mit ihren exklusiven Geschäften, als eine dunkelhaarige Schönheit auf meinen Liebsten zustürmt und ihm um den Hals fällt. Küsschen links, Küsschen rechts, ausladende Bewegungen mit beiden Armen. Offensichtlich kennen die Zwei sich recht gut. Da ist sie wieder, diese Eifersucht, die zwickt wie Bauchschmerzen. Vincenzo stellt mich vor. Die Frau mustert mich nur kurz, ignoriert mich aber weitgehend. Ich beobachte sie mit verstohlenem Blick.

Es wird Zeit, zum Haus von Bruder Mario zu fahren. Wir werden bereits erwartet. Mario sieht aus wie eine etwas reifere Version von Vincenzo. Seine Frau ist etwas mollig und von gutmütiger Natur. Sie scheinen dieselbe Art von Humor zu haben. Beide lachen gerne und keiner von ihnen spricht Deutsch. Also versuchen wir, uns mit einem Gemisch aus Italienisch und Englisch zu unterhalten. Zwischendurch übersetzt Vincenzo für mich. Wieder wird es spät. Glücklicherweise ist die Rückreise nach Garda nicht allzu lang.

Ich bin still während der Fahrt. Im Gegensatz zu meinem Ex-Freund Jonas hat der neue Mann in meinem Leben sensible Antennen.
„Was ist los?", will er wissen.
Wie soll ich es erklären? Dass ich eifersüchtig bin auf jedes weibliche Wesen, das ihm zu tief in die Augen schaut? Das ist lächerlich.
„Nichts."
„Melanie, jetzt sei nicht blöd, seit mich heute Morgen diese Blondine angesprochen hat, trägst du etwas mit dir herum." Dieser Mann lässt sich nichts vormachen.
„Ach", platze ich heraus, „zuerst Blondie heute Morgen und dann noch diese dunkelhaarige Schönheit in Verona, die mich so herablassend angeschaut hat."
Es ist zwar dunkel im Auto, aber ich kann vor meinem inneren Auge sehen, wie Vincenzo die Stirn runzelt. Nun fährt er auch noch den nächsten Parkplatz an, schaltet den Motor aus und schaut mir in die Augen:

„Zum ersten Mal seit Marias Tod habe ich das Gefühl, mich überhaupt mit jemandem einlassen zu können. Ich weiß nicht, wie ich dir noch zeigen soll, dass du mir wichtig bist. Das musst du doch spüren, oder?"

Er sieht etwas verunsichert aus.

„Ja ... schon."

Mit gesenktem Haupt sitze ich auf dem Beifahrersitz, „aber ich fühle mich so ... bedürftig", stottere ich, „so kenne ich mich gar nicht. Plötzlich habe ich das Gefühl, dass ich so viel zu verlieren habe."

Erleichtert lächelt er mich an.

„Du bist so ehrlich. Das macht mich froh! Übrigens, die dunkelhaarige Frau, die wir in Verona getroffen haben, war eine Cousine von Maria. Sie würde vermutlich jede Frau an meiner Seite komisch anschauen. Das darfst du nicht persönlich nehmen."

Ich atme auf, gleichzeitig schäme ich mich ein bisschen.

Als wir die Via Cortina erreichen, stellen wir fest, dass wir alleine in der Ferienanlage sind. Für die Familie Lanteri haben sich keine Nachfolger gefunden. Diese Gelegenheit nutzen wir, um nackt im Swimmingpool zu baden. Es ist herrlich, obwohl das Wasser schon etwas frisch ist. Wir toben herum wie kleine Kinder. Unter uns ist die erleuchtete Skyline von Garda zu sehen. Ich gebe ein paar lanterische Anekdoten zum Besten, erzähle, wie Nonna mich zu ihrer neuen Freundin auserwählte, wie Andreas ständig auf der Flucht vor Paolo war, und erläutere meinen Eindruck, den ich von Angela gewonnen habe. Wir kichern um die Wette.

„Da bist du bestens für meine Mutter gewappnet", prustet mein Herzblatt heraus.

Vincenzo nimmt mich in den Arm und sieht mich bedeutungsvoll an:

„Ich werde mir eine Arbeit in Deutschland suchen, damit wir zusammen sein können."

Da bleibt mir glatt die Luft weg.

„Freust du dich nicht?", fragt er ängstlich.

„Du meinst es tatsächlich ernst", flüstere ich heiser. Erst jetzt habe ich es wirklich begriffen.

Wir stehen splitternackt neben dem Swimmingpool meiner Ferienwoh-

nung und diskutieren über unsere Zukunft in Deutschland. Andreas hätte sicher einen Lachkrampf bekommen.
Schließlich werden wir uns der Komik dieser Situation bewusst. Lachend rennen wir ins Haus.

Wir liegen noch lange wach. Keiner von uns kann so richtig begreifen, was in den letzten paar Tagen mit uns passiert ist.
„Das ist mit Sicherheit der verrückteste Urlaub, den ich bisher erlebt habe", murmele ich, während ich mich an Vincenzo kuschele. Dieser drückt mich fest an sich:
„Das kann man wohl sagen. An dem Tag, als ich dich bei Riccardo kennengelernt habe, ging es mir gar nicht gut. Ich hatte einen ganz schönen Durchhänger, weil der Jahrestag von Marias Tod gerade vorbei war. Ich wollte einfach nur raus aus der Stadt. Surfen hilft da immer." Bei dieser Bemerkung huscht ein Grinsen über sein Gesicht. „Viele denken, dass ich ein Charmeur bin, aber das ist nur Fassade. Ich zeige es einfach nicht gerne, wenn ich mich nicht gut fühle."
„Ich habe schon bemerkt, dass du manchmal etwas melancholisch bist", erwidere ich mit leiser Stimme. Ich streichele sanft über seinen Rücken und spüre, dass er Gänsehaut hat.
„Da hast du schon mehr bemerkt als viele andere", murmelt er. „Als ich dich plötzlich in Venedig wieder gesehen habe, konnte ich es gar nicht glauben", flüstert er mir ins Ohr, während er mich an sich zieht.
Schon bei dem Gedanken daran erröte ich:
„Ich wusste gar nicht, was ich sagen sollte. Das war schon etwas peinlich."
Vincenzo lacht.
„Ich fand das sehr charmant, ehrlich."
Dann küsst er mich so leidenschaftlich, dass ich nichts mehr erwidern kann.

Zum letzten Mal Garda

Mein letzter Urlaubstag ist angebrochen. Am Hafen von Garda leihen wir ein Ruderboot aus. Da ich mich todesmutig auf ein Surfbrett gewagt habe, soll mein Herzblatt im Gegenzug rudern lernen. Die Idee gefällt ihm. Wir stehen gerade mit hochgekrempelten Hosen im Wasser, im Begriff in den Kahn zu steigen, als ein flottes Motorboot angerauscht kommt. Erst als es vor uns stoppt, erkenne ich die Männer am Steuer: die beiden attraktiven Italiener, die Andreas und mich vor ungefähr einer Woche mit triefenden Schuhen an der Punta San Vigilio abgesetzt haben. Das Deck ihres Bootes ist diesmal mit zwei Badenixen verziert, die Nixe von der vorhergehenden Woche ist allerdings nicht dabei.

„Ciao, na – wieder auf dem Weg nach San Vigilio?", fragen sie in etwas anzüglichem Tonfall auf Englisch mit italienischem Akzent. Dabei grinsen sie wissend über beide Ohren. Ich blicke verwirrt von einem zum anderen, dann geht mir ein Licht auf! Sie wissen natürlich nicht, dass Andreas mein Bruder ist. Daher sind sie überzeugt, dass ich mir nun innerhalb einer Woche den zweiten Liebhaber geangelt habe. Wie unangenehm! Komischerweise fühle ich mich ertappt.

„Dann noch viel Spaß", zwinkern sie mir zu und brausen winkend davon.

Nun besteht Erklärungsbedarf! Vincenzos Gesichtsausdruck als verwirrt zu beschreiben, wäre eine glatte Untertreibung. Noch immer stehen wir mit den Beinen bis zu den Waden im Wasser. Ich berichte von unserer nicht ganz geglückten Wanderung zu der besagten Landzunge. Die blauen Augen meines Gegenübers werden immer größer.

„Ha, ha, was habt ihr gemacht?", prustet er los, „ihr seid tatsächlich mit den Schuhen durchs Wasser gewatet?"

Vincenzo wird so von Lachanfällen geschüttelt, dass er fast das Ruder ins Wasser fallen lässt. Als er wieder normal atmen kann, überlegt er: „Eigentlich ist das gar keine schlechte Idee. Wir könnten nach San Vigilio rudern. Oder? Das ist einer meiner Lieblingsplätze am Gardasee."

Déjà vu in San Vigilio

Mein Gefährte bekommt eine Kurzeinführung in die Kunst des Ruderns. Er stellt sich gar nicht so dumm an. Wir legen bereits nach einer Stunde am Bootssteg vor dem Café an.

Wir ergattern einen Tisch fast direkt am Wasser. Oh verflixt, derselbe Kellner hat wieder Dienst. Er verzieht keine Miene, als er uns bedient. Ich registriere trotzdem den Blick, den er auf meine Schuhe wirft. Wie blamabel! Nun schielt er scheinbar ausdruckslos zu Vincenzo hinüber. Ob er wohl dieselben Überlegungen anstellt, wie die jungen Männer auf dem Motorboot? Heute ist offensichtlich nicht mein Tag!

Sensibel registriert mein Gegenüber, dass mir etwas unangenehm ist. Sobald der Kellner den Tisch verlassen hat, flüstere ich Vincenzo etwas konsterniert zu:

„Der hat uns letzte Woche schon bedient. Ich glaube, er meint, dass du mein zweiter Liebhaber bist."

„Ich hatte schon lange nicht mehr so viel Spaß wie in deiner Gesellschaft." Vincenzo krümmt sich vor Lachen.

Nachdem wir unseren Kaffee bezahlt haben, schlendern wir über das weitläufige Gelände, vorbei an dem Hotel durch die Zypressenallee bis zu der Abzweigung, die zum Privatstrand führt. Verträumt raunt Vincenzo mir zu:

„Wenn ich doch mal heiraten sollte, dann würde ich gerne hier feiern und mit einer Pferdekutsche durch diese Allee fahren."

Mir bleibt fast das Herz stehen. Abrupt halte ich an.

„Was hast du gerade gesagt?", entfährt es mir.

Mit gekräuselter Stirn wiederholte er seine Worte.

„Ich werd verrückt", platze ich heraus, „das waren fast meine Worte, als ich mit Andreas hier war. Aber pragmatisch, wie der ist, meinte er, ich solle mir erst mal einen Bräutigam suchen."

Da lachen wir beide.

Der Nachmittag ist viel zu schnell vergangen. Uns wird bewusst, dass der

Abschied näher rückt und wir uns nicht so schnell wiedersehen können. Mir ist nicht nach einem Abendessen in der Öffentlichkeit zumute. „Komm, wir kochen uns etwas in der Ferienwohnung", schlage ich vor, „wir haben zwar nicht mehr viele Vorräte, aber für uns beide wird es schon reichen." Unser letztes gemeinsames Abendessen besteht aus verschiedenen Antipasti, Spaghetti Carbonara und Salat. Besonders hungrig sind wir sowieso nicht. „Gibt es keine Möglichkeit, die Zeit anzuhalten?", sinniert Vincenzo. Mir fällt leider keine ein. Stattdessen machen wir Pläne, wann er zum ersten Mal nach Deutschland kommen soll. Das erscheint uns konstruktiver. Es ist der Strohhalm, an den wir uns klammern, als wir uns am nächsten Morgen verabschieden müssen.

Andreas kam irgendwann spät abends zurück und verhielt sich sehr diskret. Er übernachtete sogar freiwillig auf dem unbequemen Schlafsofa im Wohnzimmer. Das rechne ich ihm hoch an.

Nach dem Frühstück geht alles schnell. Wohnungsübergabe. Abschied von Vincenzo. Abfahrt in Richtung Mailand. Wir haben noch nicht einmal das Ende des Gardasees erreicht, als bereits mein Handy piepst. *Vermisse dich jetzt schon.* Am liebsten wäre ich zurückgefahren. Glücklicherweise sitzt mein Bruder am Steuer. „In vier Wochen seht ihr euch ja wieder", versucht Andreas, mich zu trösten. Das macht meine Sehnsucht nur noch größer. Ich bin überzeugt, dass dies die längsten vier Wochen meines Lebens werden.

Frisch verliebt - zurück in Bad Cannstatt

„Was willsch jetzt du mit eme Iddaliener? Gibt's en Stuttgart koine Männer?", ist der nüchterne Kommentar meiner Mutter, als ich ihr von meiner neuen Liebe berichte. Ich muss es wohl nicht extra erwähnen. Sie hat keine romantische Ader. Nach dreiunddreißig Jahren mit meinem Vater ist ihr diese vermutlich abhanden gekommen. Dann beginnt mein Vater, in die Kerbe zu hauen:
"Jetzt farsch du oi Mol in Urlaub on glei schleppsch so en Iddaliener o. Schafft der überhaupt was rechts?"
Nach dieser kalten Dusche bin ich völlig ernüchtert.
„Danke für euer Mitgefühl! Schön, dass ihr euch für mich freut", schmolle ich. „Und wenn du es genau wissen willst: Er ist Marketingmanager", füge ich an meinen Vater gewandt hinzu.
„Hm, Mänädscher", schnaubt dieser, „früher hat des mol Abdeilungsleider g'heissen. Oder?", mosert er weiter. Jetzt weiß ich Bescheid. Hier ist keine Unterstützung zu erwarten.

Einmal im Monat werden wir uns für ein langes Wochenende immer abwechselnd in Venedig und Bad Cannstatt sehen. So bin ich mit dem neuen Mann meines Herzens verblieben.

Während der gemeinsamen Wochenenden schwebe ich auf Wolken, dazwischen leide ich. Ansonsten lerne ich weiterhin fleißig italienisch, rudere zweimal pro Woche und gehe Familie und Freunden mit meiner Schwärmerei für Vincenzo auf die Nerven. Wir telefonieren beinahe täglich. Meine Telefonrechnung schnellt rapide in die Höhe.

Endlich steht der erste Besuch meines Herzblatts im Schwabenland an. Als ich zum Stuttgarter Flughafen fahre, um ihn abzuholen, habe ich bereits zwei schlaflose Nächte hinter mir. So aufgeregt bin ich. Nicht nur das. Ich habe auch etwas Angst. Was, wenn er es sich plötzlich anders überlegt hat? Nervös patrouilliere ich in der Wartehalle auf und ab. Endlich öffnet sich

die automatische Glastür und Vincenzo kommt auf mich zu. Er drückt mich so fest, dass ich kaum atmen kann:
„Ich bin froh, dich zu sehen. Die Zeit ohne dich erschien mir so endlos lang."

Meine beste Freundin Petra, die ich noch aus meiner Schulzeit kenne, hat uns zum Abendessen eingeladen. Die meiste Zeit lang starrt sie mein Herzblatt nur ehrfürchtig an. Als wir kurz allein in der Küche sind, flüstert sie mir zu:
„Mensch ist der nett, wollen wir nicht tauschen?"
Ich ziehe erstaunt die Augenbrauen nach oben.
„Nein, danke", erwidere ich, „deinen Martin kannst du behalten."
Mit Petras Freund kann ich überhaupt nichts anfangen. Eigentlich dulde ich ihn nur ihr zuliebe.

Gerne will ich Vincenzo meinen Eltern vorstellen. Die sind äußerst skeptisch. Meine Mutter tut so, als hätte ich einen Alien zum Kaffeekränzchen eingeladen. Mein Vater hingegen macht das, was die meisten Männer seiner Generation tun. Er schweigt und verkriecht sich hinter seiner Zeitung. Trotzdem bin ich überzeugt, dass mein Besucher meine Eltern um den Finger wickeln wird.

Zur Begrüßung drückt Vincenzo meiner Mutter einen riesigen Blumenstrauß in die Hand und bekundet seine Freude, sie endlich persönlich kennenzulernen. Mama ist sichtlich beeindruckt von dieser gutaussehenden Erscheinung in weißem Hemd und lässig eleganter Hose. Also doch kein Alien. Sie errötet bis zu den Haarwurzeln:
„Ha – danke – des wär jetzt abber net nödig gewäse", stottert sie. Mein Vater tut völlig unbeeindruckt.
Anfangs verläuft die Unterhaltung etwas stockend, wovon sich mein Schwarm nicht verunsichern lässt.
„Der isch aber nett!", flüstert meine Mutter mir zu, als unser Besuch kurz im Bad verschwunden ist.
„Du läscht dich von so me Blumestrauß glei um de Finger wickle", mault mein mürrischer Vater. Nun fühlt Mama sich angegriffen:

„Wann hasch du mir zum ledschde Mol Blume mitbrocht?", fordert sie ihn heraus. Nun ist die Ehre ihres Ehemannes angekratzt, der beleidigt kontert: „Hen mir net gnug Blume im Garde? Do brauch i doch koine kaufa."
„Jetzt hört endlich auf!", fahre ich dazwischen.
Meine Mutter ist aber gerade erst in Schwung gekommen.
„Wenn i dreißig Johr jünger wär, dann däd der mir au gfalle", fängt sie wieder an.
In Papa brodelt es, aber er hat es so gewollt.

Als Vincenzo sich anbietet, meinem Vater beim Mähen seines geheiligten Rasens im Schrebergarten zu helfen, ist das Eis gebrochen.

Nachdem wir gegessen haben, zieht mein Besucher sich um und wir fahren zu der Gartenkolonie. Die akribisch aufgeteilten Parzellen sind mit Holzzäunen abgegrenzt. Gelbe Schilder weisen darauf hin, dass Rasenmähen während der sakralen Mittagsruhe nicht gestattet ist. Einige der passionierten Gärtner haben ihre Geräteschuppen in putzige Wochenendhäuschen verwandelt. Bunte Gartenzwerge thronen zwischen den Beeten. Während meine Mutter und ich Johannisbeeren pflücken, ackern Vincenzo und mein Vater Seite an Seite, bis sie das verwucherte Grün in einen makellosen Rasen nach bestem schwäbischen Standard verwandelt haben.

Nun ist auch Papa voll des Lobes:
„Der schafft wenigschdens ebbes. Dein Jonas hat jo koin Finger krum gmacht."
Wer meinen Vater kennt, weiß, dass es keine höhere Anerkennung gibt.

Übrigens: Als ich das nächste Mal meine Eltern besuche, steht ein weiterer Blumenstrauß auf dem Küchenbuffet.
„Der isch von deim Vadder", verrät mir meine Mutter stolz. Das Herz meines Vaters muss bei der Geldübergabe im Blumengeschäft geblutet haben. Solch eine Verschwendung! Aber es geht schließlich um die Rettung seiner Ehre. Nach dreiunddreißig konkurrenzlosen Jahren hat es doch tatsächlich ein Widersacher gewagt, meiner Mutter Blumen zu schenken. Das kann man nicht auf sich sitzen lassen!

Sehnsüchte

Endlich kommt der Sommer und ich verbringe drei wundervolle Wochen in Venedig.

Wir gehen, wie versprochen, in Verona in die Oper, um uns La Traviata anzuschauen. Die Kulisse des Amphitheaters ist atemberaubend. Viele Besucher finden sich bereits Stunden vor Beginn der Vorstellung ein. Sie haben Picknickkörbe mitgebracht und es sich auf den von der Hitze des Tages aufgewärmten Steinstufen bequem gemacht. Als die ersten Opernklänge ertönen, verstummt das gesamte Publikum. Ich habe Gänsehaut. Leider stirbt die unglückliche Violetta im dritten Akt. Das bringt mich so aus der Fassung, dass ich unseren gesamten Vorrat an Papiertaschentüchern aufbrauche.

Wir verbringen ein paar Tage am Gardasee, wo ich tatsächlich etwas besser surfen lerne. Ich schaffe es sogar, mich mehrere Meter am Stück vorwärts zu bewegen.

Die Zeit verrinnt wie im Fluge und wir genießen es einfach, so viel Zeit miteinander verbringen zu können.

Mutter und Vater Castore lerne ich ebenfalls kennen. Die Familie nimmt mich sehr herzlich auf. Mama Lucia ist zwar etwa fünfzehn Jahre jünger als Nonna Lanteri, nichtsdestotrotz haben sie einiges gemeinsam. Zum Beispiel die Angewohnheit, mich in lange, etwas einseitige Gespräche zu verwickeln. Trotzdem mag ich sie. Ich habe bei ihr einen Stein im Brett, weil ich ihren geliebten Sohn wieder zum Lachen gebracht habe.

Nach drei glücklichen Wochen kehre ich widerwillig nach Bad Cannstatt zurück und leide noch mehr.

Andreas hat seinen Sommerurlaub im Lake District verbracht. Er ist mit der englischen Clique vom Gardasee in Kontakt geblieben und nach Windermere gereist, um sich mit ihnen zu treffen.

„Scheißkalt war das Wasser – aber das Surfen war geil", ist sein Reisebericht. Mehr Details gibt es nicht. Ich als Frau hätte selbstverständlich mehr Einzelheiten zum Besten gegeben, aber er ist ein Mann, der sich auf das Wesentliche beschränkt.

Vincenzo ist glücklicherweise anders. Er hat immer viel zu erzählen. Das teile ich auch Andreas bei einem unserer häufigen Gespräche mit. Nachdem ich sogar meine beste Freundin Petra verprellt habe, reißt nun auch bei meinem Bruder der Geduldsfaden:
„Wenn du das V-Wort noch einmal erwähnst, breche ich den Kontakt mit dir ab. Ich schwör's dir!"
Theatralisch wirft er dabei die Hände in die Luft. Vermutlich hat die italienische Gestik bereits unbewusst auf ihn abgefärbt.

Nun habe ich also niemand mehr, den ich volljammern kann. Deshalb muss ich mein Leid ab sofort mit mir selbst ausmachen.

Der Herbst kommt. Für Vincenzo ergibt sich eine Gelegenheit, für eine Woche nach Cannstatt zu kommen. Je besser wir uns kennenlernen, desto schwerer fällt mir der Abschied. Ihm scheint es ähnlich zu gehen, was die Sache für mich nicht vereinfacht.

Nach Vincenzos Abreise bin ich wieder geknickt. Mein Bruder hat sein Leben wieder neu geordnet und ist bei unseren Eltern ausgezogen. Er hat sich eine Wohnung in Stuttgart-Sonnenberg gemietet. Dort sitzen wir an einem milden Herbstnachmittag auf dem Balkon. Wir haben uns – als Erinnerung an alte Zeiten – ein Gläschen Bardolino genehmigt.

Da ich Vincenzos Namen in Gegenwart meines Bruders nicht mehr erwähnen darf, spreche ich nur noch von „ihm". „Er" hat angerufen. Ich habe „ihm" eine SMS geschickt. Andreas zieht die Sache gnadenlos durch, obwohl ihm jedes Mal ein Grinsen über das Gesicht huscht. Dennoch lässt er mich zappeln.
An diesem Nachmittag sieht er selbst etwas melancholisch aus.
„Ich kann dich ja verstehen, auch wenn es manchmal nervt", beginnt er, „im Grunde geht es mir ganz ähnlich."

Ich horche auf. Habe ich etwas verpasst? In meiner Verliebtheit habe ich
stets nur auf mich selbst geachtet. Eigentlich habe ich meinen ständigen
Kummerkasten nie gefragt, wie es ihm selbst geht. Nun dämmert mir etwas. Seit seinem Urlaub im Lake District ist mein Bruder zweimal nach
London geflogen. Bevor ich es erraten kann, rückt er selbst damit heraus:
„Ich hab da jemand kennengelernt. Kathy heißt sie. Sie ist die Schwester
von Dave, dem du am Gardasee ebenfalls begegnet bist."
Ich beginne zu rechnen. Der Sommerurlaub war im Juli. Jetzt haben wir
Mitte Oktober. Wenn ich mich richtig erinnere, fanden die Besuche in
London Anfang August und Mitte September statt. Und mein Bruder hat
all die Monate lang kein Sterbenswort gesagt!
„Warum hast du nichts verraten?", frage ich etwas vorwurfsvoll.
„Ach, ich wollte nicht allen auf die Nerven gehen. Ich weiß auch nicht",
antwortet mein Gegenüber unbestimmt.
„So wie ich, meinst du?" Ich erröte.
Nun plagt mich das schlechte Gewissen:
„Ich hab immer nur an mich gedacht. Auf die Idee bin ich gar nicht gekommen, dass du vielleicht auch verliebt bist. Tut mir wirklich leid."
„Ach, lass mal", winkt mein großer Bruder gutmütig ab, „es ist ja schön, dass
du mit Vincenzo glücklich bist, wäre halt besser, wenn er hier sein könnte,
gell?"
Das ist Wasser auf meinen Mühlen.
„Da sagst du was", seufze ich resigniert.

Nun ist der schwäbische Kleinbürgertraum meiner Eltern endgültig geplatzt. Zuerst schleppt die Tochter einen Alien aus Italien an. Dann schenkt
auch noch der abtrünnige Sohn sein Herz einer Engländerin namens Kathy. Noch wissen sie nichts davon, aber ihr Fundament wird erschüttert
sein. Sind sie tatsächlich bereit für die nächste Stufe der Evolution – vom
Schwaben zum Europäer mit etwas mehr Weitblick?
Bald darauf lerne ich Kathy kennen. Sie hat feuerrote, lange, gelockte Haare, blasse Haut und Sommersprossen. Eigentlich sieht sie mehr wie eine
Irin aus. Wir sind uns auf Anhieb sympathisch. Sie stammt aus Watford
nördlich von London. Nach meiner Zeit mit Jonas bin ich vorübergehend
nach London geflüchtet, um mich von meinem Schmerz abzulenken. Über
zwei Jahre lebte ich dort. So haben wir uns einiges zu erzählen. Die neue

Freundin meines Bruders studiert Anglistik und Germanistik, da sie Lehrerin werden will. Ihre unkomplizierte Art gefällt mir. Sie hat weniger Ecken und Kanten als Janine. Meiner Meinung nach passt sie ausgezeichnet zu Andreas. Sie habe sich für ein Austauschprogramm beworben, erzählt sie mir. Die Chancen stehen also gut, dass sie im folgenden Jahr eine Zeit lang nach Deutschland kommen kann.

Mit schnellen Schritten neigt das Jahr sich dem Ende zu. Da trifft die Einladung ein: Wir – ich, Andreas, Kathy und meine Eltern – sollen Weihnachten in Venedig verbringen. Andreas und Kathy sagen sofort zu. Ich ahne schon, dass mir im Bezug auf meine Eltern ein diplomatischer Akt bevorsteht. Beim sonntäglichen Kaffeekränzchen wage ich einen ersten Vorstoß: „Vincenzos Familie lädt uns alle zu Weihnachten nach Venedig ein. Am zweiundzwanzigsten Dezember sollen wir kommen. Wenn wir Lust haben, können wir bis Neujahr bleiben."
Das bringt sie völlig aus dem Konzept. Der vierundzwanzigste Dezember, das ist doch der Tag, an dem seit dreiunddreißig Jahren morgens der Weihnachtsbaum geschmückt wird und man abends Würstchen mit Kartoffelsalat isst. Ausgerechnet diesen Tag sollen sie jetzt anderswo verbringen? Und dann auch noch im Ausland?

Der Horizont meiner Eltern deckt sich im Großen und Ganzen mit den Landesgrenzen der Bundesrepublik Deutschland. Ihre weiteste Reise unternahmen sie vermutlich damals vor fünfzehn Jahren mit uns Kindern. In einem Anflug von Abenteuerlust kutschierte uns unser Vater nach St. Peter-Ording an die Nordseeküste. Nachdem er sich zwei Wochen lang beschwert hat, dass „die da oben" so komisch reden und zudem noch kein Schwäbisch verstehen, sind sie in den folgenden Jahren wieder auf die Bodenseeregion umgestiegen. Ihre einzige Auslandsreise war ihre Hochzeitsreise an den Wolfgangsee nach Österreich.

Man stelle sich also vor, welcher Abgrund sich hier vor meinen Eltern auftut!

Papa zögert nicht lange.
„Do fahr i net no. Mir sen doch an Weinachte no nie verreist."
Ein unschlagbares Argument.

Meine Mutter hingegen sieht die Chance ihres Lebens gekommen. In einem plötzlichen Anflug von Emanzipation begehrt sie auf. Mit der flachen Hand schlägt sie auf die Kaffeetafel. Die Tassen klappern.

„Du kannsch mache, was du willsch. I fahr mit. I wollt scho immer mol noch Venedig, aber du wolldsch jo ned."

Mein Vater blickt sie erstaunt an. Diese Abtrünnige will doch tatsächlich zu denne Iddaliener fahren. Auf diese Mini-Revolution ist er nicht vorbereitet. Was nun?

„Dann farsch grad alloi mit. I bleib do."

Beleidigt zuckt er mit den Schultern.

Ich sehe, wie es in seinem Kopf arbeitet. Plötzlich dämmert es ihm. Sohn, Tochter und Ehefrau werden für mindestens eine Woche weg sein. Das kann nur eines bedeuten: Selbstverpflegung. Noch nie hat mein Erzeuger eine Woche lang für sich selbst sorgen müssen, einmal abgesehen davon, dass er sowieso nicht kochen kann. Ausgeschlossen!

„Ha, dann fahr i halt mit", lenkt er schließlich beleidigt ein, „gibt's do überhaupt was gscheits zum esse?" – ein letzter Protestversuch. Solche exotischen Gerichte wie Pizza oder Spaghetti Carbonara kennen meine Eltern nicht.

„Ich bin sicher, du wirst dort nicht verhungern", werfe ich genervt ein. Der Mann ist anstrengend! Gerne hätte ich meine Mutter bei Angela Lanteri in die Lehre geschickt.

Noch am selben Abend rufe ich Vincenzo an, um den Besuch meiner gesamten Sippe anzukündigen.

„Ich freue mich unheimlich auf euch. Das wird bestimmt toll mit beiden Familien zusammen", frohlockt mein Herzblatt. Ich bin da etwas skeptischer. Schließlich kenne ich meine Eltern seit neunundzwanzig Jahren.

„Ich hoffe, du bereust es nicht, dass du meinen Vater eingeladen hast", zweifele ich.

„Ach, der meckert zwar viel rum, aber letztendlich meint er es nicht so. Der ist schon ok."

Oh la la, da will aber einer mit aller Kraft das Gute im Menschen sehen. Das muss ich einmal Andreas erzählen, den mein Vater während seines mehrmonatigen Zwangsaufenthalts zu Hause fast in den Wahnsinn getrieben hat.

Der Winter naht, das Wetter wird immer trister, aber zumindest verfliegen die Wochen und Weihnachten rückt stetig näher. Ich freue mich auf mein erstes Weihnachtsfest mit dem nun nicht mehr so ganz neuen Mann in meinem Leben. Die Flüge sind gebucht. Das Reisefieber nimmt zu.

Aufbruch nach Venedig

Am einundzwanzigsten Dezember gehe ich zu meinen Eltern, um ihnen beim Packen zu helfen. Papa ist es gewohnt, seinen VW-Kombi bis unter das Dach vollzustopfen. Man muss für alles gerüstet sein, falls plötzlich eine Hungersnot ausbricht. Zunächst versuche ich, meinen Mitreisenden beizubringen, dass ihr Gepäck bei einem Flug zwanzig Kilo pro Person nicht überschreiten darf.
„Das kostet sonst extra", drohe ich. Dieses Argument zieht immer.

Entgeistert starre ich in den Koffer meines Vaters:
„Wozu willst du denn dieses Werkzeug mitnehmen? Pack das sofort wieder aus!"
„Ha, vielleicht muss do was repariert werde!", beschwert sich mein alter Herr.
"Italien ist doch kein Entwicklungsland", entrüste ich mich, „also jetzt passt mal auf: In Italien kann man alles kaufen, was es bei uns so gibt. Und du, Mama, packst sofort diese Lebensmittel in den Schrank. Wir können dort nicht mit einem Koffer voll Kartoffeln und Gemüse ankommen!"
Ich raufe mir die Haare. Das ist doch nicht zu fassen! In einem bleibt meine Mutter jedoch stur. Auf ihre Spätzlepresse will sie nicht verzichten und ohne selbige wird sie auch nirgendwo hinfahren. Dass außer Vincenzo dort vermutlich niemand weiß, was Spätzle sind, erwähne ich nicht.

Am nächsten Morgen fahren wir zu viert zum Flughafen. Kathy will uns in Venedig treffen. Wenn alles glatt läuft, wird sie uns dort bereits erwarten.

Ich bin als Teenager zum letzten Mal mit meinen Eltern in Urlaub gefahren. Daher habe ich vergessen, wie nervig das ist. Beide sehen nervös ihrem ersten Flug entgegen.
„Keine Panik", beruhige ich sie, „das ist wie Bus fahren." Mein zänkischer Vater legt sich am Check-In mit der Dame vom Bodenpersonal an, weil er nicht einsieht, dass er sein geliebtes Schweizer Taschenmesser in den Koffer packen soll. Er habe das doch immer in der Hosentasche. Ich rolle unge-

duldig mit den Augen, aber die beharrliche Angestellte behält die Nerven. Endlich haben wir uns bis zur Handgepäckkontrolle durchgekämpft. Mein alter Herr verrenkt sich fast den Hals, um die Mitreisenden zu beobachten, die vor ihm in der Schlange stehen. Interessiert verfolgt er, wie einer nach dem anderen mit dem Metalldetektor gescannt wird. Nun ist er an der Reihe.

„Was machet Sie do?", entrüstet er sich.

„Wir müssen alle Passagiere überprüfen", erläutert der Flughafenangestellte freundlich, aber bestimmt.

„Nemmet Sie Ihre Finger weg! Des kann i net leide", gibt er dem Mitarbeiter zu verstehen. Wir sind schon alle durch, als mein Vater immer noch diskutiert. Da er befürchtet, dass wir ohne ihn abreisen, lässt er die Prozedur am Ende doch über sich ergehen.

Wenn ich allein nach Venedig fliege, nutze ich die Zeit im Flugzeug, um mich auf Vincenzo einzustimmen. Die Vorfreude ist mindestens so schön, wie die Zeit mit ihm selbst. Diesmal habe ich das Gefühl, eine Gouvernante mit einem Haufen ungezogener Kinder zu sein.

Endlich landen wir in Treviso. Vincenzo, Claudia und ihr Mann Lorenzo sind gekommen, um uns abzuholen. Mein Vater schaut sich irritiert um. Ich glaube, es wird ihm erst in diesem Moment klar, dass die Italiener alle in erster Linie italienisch sprechen. Erleichtert stellt er fest, dass wenigstens Claudia und Lorenzo deutsch können. Nachdem Andreas Kathy am vereinbarten Treffpunkt abgeholt hat, kann es losgehen.

Die Spätzle-Pasta-Connection

Wir wollen die Weihnachtsfeiertage bei Claudia verbringen, da nur deren Mini-Palazzo groß genug für eine Veranstaltung dieses Umfangs ist. Vierzehn Erwachsene und drei Kinder sollen insgesamt mitfeiern. Vincenzo überlässt seine Wohnung Andreas und Kathy. Im Gegenzug übernachten wir zusammen mit dem Rest meiner Familie bei Claudia. Bruder Mario und seine Frau Daniela, die ich bereits in Verona kennengelernt habe, sind in Vincenzos Elternhaus untergebracht. Noch nie habe ich ein so großes Weihnachtsfest erlebt. Die Vorfreude ist riesig. Gleichzeitig hoffe ich innbrünstig, dass die zwei eingefleischten Schwaben mich nicht zu sehr blamieren werden. Zum Haus von Claudia und Lorenzo gelangen wir nur per Wassertaxi. Meine Eltern staunen wie kleine Kinder. Dies muss ein fremder Planet sein! Meine Mutter strahlt wie ein Honigkuchenpferd.

„Morgen machen wir eine kleine Stadtführung", verspricht Vincenzo. Nach dem Frühstück ziehen wir los. Der Markusplatz ist unser erstes Ziel. Die Schlange vor der Markuskirche ist zwar nicht so lang wie im Frühjahr zuvor, jedoch immer noch beträchtlich. Es stellt sich heraus, dass es durchaus Vorteile hat, Einheimischer zu sein. Schnurstracks marschiert Vincenzo mit uns im Schlepptau zum Kopf der Schlange.
„Ciao Mario!", freundlich schüttelt er dem Türsteher die Hand. Wir lächeln alle brav und schon sind wir drin.
„Das ist ein ehemaliger Kollege meines Vaters", flüstert mir Vincenzo zu, während er seine Hand auf meinen Rücken legt, um mich in die richtige Richtung zu steuern. Es stellt sich heraus, dass Papa Antonio einige ehemalige Kollegen hat, die über die Stadt verteilt sind. Wir müssen nirgends warten und bekommen einiges zu sehen. Das bringt sogar meinen nörgelnden Vater zum Schweigen, auch wenn er immer wieder Kommentare wie „des Haus misst mr au mol wieder verbuzze" in die Runde wirft. Wie gut, dass hier keiner Schwäbisch versteht!
„Jetzt hör halt mol uff. Des isch halt anders als bei uns", schnauzt meine Mutter ihn an.

Am vierundzwanzigsten Dezember soll es abends ein großes Festmahl geben. Die Vorbereitungen laufen auf Hochtouren. Claudia ist aus ihrer eigenen Küche verbannt worden, in der Mama Lucia das Kommando übernommen hat. Claudia und Schwägerin Daniela ist es höchstens gestattet, ein paar Handlangerarbeiten auszuführen. Ich darf gar nichts machen.

„Ihr seid doch Gäste!", empört sich Mutter Castore.

Papa Antonio hat lange Jahre als Museumswärter gearbeitet. Durch den Umgang mit deutschen Touristenmassen hat er die deutsche Sprache etwas gelernt. Zwar nicht unbedingt grammatikalisch korrekt, aber doch ausreichend, um sich mit meinem Vater zu verständigen. Dieser versucht – vermutlich zum ersten Mal in seinem Leben – Hochdeutsch zu sprechen.

„Wir waren noch nie in Italien. Erschtes Mol. Verstehsch?", erklärt er Antonio gerade.

Schade, dass Mario Barth nicht hier ist. Er hätte die beiden sicher in seine Comedy Show aufgenommen. Als Sympathiebeweis lädt Antonio meinen Vater auf ein Bierchen in seine Stammkneipe ein, in der er sich täglich mit seinen ehemaligen Kollegen trifft – sogar am vierundzwanzigsten Dezember.

Irgendwann fehlt auch von meiner Mutter jede Spur. Auf der Suche nach ihr komme ich an der Küchentür vorbei. Mit ihrer Spätzlepresse bewaffnet steht sie in Claudias Küche und erklärt Lucia, die weder Hochdeutsch noch Schwäbisch versteht, wie man schwäbische Spätzle zubereitet. Diese nickt, während sie eifrig die Anweisungen meiner Mutter befolgt. Auf der Theke steht ein halb fertiger Kartoffelsalat. Noch während die Spätzle in das auf dem Herd sprudelnde Wasser gepresst werden, übernimmt Vincenzos Mutter das Kommando. Ihre neue Freundin lauscht fasziniert. Es werden Zutaten geschnippelt, Füllungen für selbstgemachte Ravioli vorbereitet, gleichzeitig brutzelt ein Braten im Ofen. Ich habe keine Ahnung, auf welcher Ebene diese beiden Frauen sich verständigen, von denen keine die Sprache der anderen beherrscht. Dies ist eindeutig eine Lektion in nonverbaler Kommunikation. Ich bin so gefesselt, dass ich Vincenzo erst bemerke, als er seinen Arm um mich legt. Wir stehen da wie zwei stolze Eltern, deren Sprösslinge im Kindergarten ihr erstes Bild gemalt haben. Plötzlich fühle ich mich wie ein Eindringling. Ich nehme Vincenzos Hand und ziehe ihn ins Wohnzimmer zu den anderen zurück.

Abends ist es so weit – das erste schwäbisch-italienische Weihnachtsessen wird serviert. Unsere Väter haben wohl am Nachmittag mehr als ein Bierchen gezischt. Jedenfalls bemerkt Papa passenderweise:

„I han gar net gwisst, dass es in Italien au Kartoffelsalat gibt. Der schmeckt fascht wie dahoim."

Wir lassen ihn in dem Glauben.

Auch ich habe eine Lektion gelernt. Meine verschrobenen, manchmal engstirnigen und verbohrten Eltern haben heute auf ihre eigene Art und Weise einen echten Beitrag zur Völkerverständigung geleistet.

Eines kann man mit Sicherheit sagen: Dies ist ein etwas anderes Weihnachtsfest. Die Feiertage vergehen wie im Flug. Unsere Mütter sind nicht bereit, die gemeinsame Regie der Küche aufzugeben. Daher folgen noch mehr schwäbisch-italienische, kulinarische Höhepunkte.

Sogar mein Vater bedauert seine Abreise, als wir die beiden am neunundzwanzigsten Dezember zum Flughafen bringen. Vermutlich vor allem, weil er nun nicht mehr jeden Nachmittag mit Antonio in die Kneipe gehen kann. Über Silvester wollten meine Eltern nicht bleiben. Den Abend verbringen sie jedes Jahr mit Kurt und Elsa aus dem Nachbarhaus. Diese Tradition duldet auch nach fünfundzwanzig Jahren keine Unterbrechung.

Frohes Neues Jahr

Eigentlich ist es mir ganz recht, dass wir Silvester im kleineren Kreis verbringen. Um Mitternacht stehen wir mit Sektflaschen und Gläsern bewaffnet auf Claudias Dachterrasse, wo für mich und Vincenzo alles begonnen hat. Es ist ein kalter, aber trockener Abend. Um Mitternacht läuten die Kirchenglocken. Das neue Jahr beginnt mit einem prachtvollen Feuerwerk. Sogar den beleuchteten Kampanile von San Marco sieht man. Darüber erhellen bunte Raketen den Nachthimmel. Vincenzo schaut mich an und ich weiß, dass er sich dasselbe wünscht wie ich.

Am zweiten Januar ist der Zauber vorbei. Zurück nach Stuttgart. Alltag. Diesmal ist der Abschied besonders schlimm. Wir hatten kaum Gelegenheit, darüber zu sprechen, aber ich weiß, dass mein Schatz verschiedene Versuche unternommen hat, eine Stelle in Deutschland zu bekommen. Jetzt heißt es geduldig abwarten. Genau das will mir nicht so recht gelingen. Schon als ich abends am Stuttgarter Flughafen ankomme, fiebere ich Vincenzos nächstem Besuch entgegen.

Bei mir hat sich vieles verändert, besonders die Beziehung zu meinen Eltern. Habe ich sie vorher als spießig, kleinbürgerlich und manchmal etwas peinlich empfunden, so finde ich jetzt, dass sie sich auf ihre eigene Art tapfer geschlagen haben. Von der italienischen Gastfreundschaft sind sie schwer beeindruckt. Als Menschen, die noch nie eine Fremdsprache gelernt haben, sind sie souverän mit der Sprachbarriere umgegangen. Außerdem merke ich, dass sie meinen Auserwählten sehr mögen, auch wenn es ihnen schwerfällt, dies zu zeigen. Sie haben wohl verstanden, wie wichtig mir diese Beziehung ist.

Meiner Mutter, die über dreißig Jahre lang unter dem Pantoffel meines Vaters stand, ist es zum ersten Mal gelungen, sich durchzusetzen. Das machte ihr sogar so viel Mut, dass sie Lucia im nächsten Sommer einen Besuch abstatten will - alleine. Bei der Gelegenheit möchte sie sich in der Arena di Verona eine Opernaufführung ansehen.

„Do gang i net mit", ist der mürrische Kommentar meines Vaters. Dabei ist ihm entgangen, dass er sowieso nicht eingeladen ist.

Aber Vincenzo hat völlig recht. Mein Vater meint es tatsächlich nicht böse. Er kann es einfach nicht besser.

Fazit dieses turbulenten, anstrengenden Familienurlaubs, von dem ich Schlimmstes befürchtete, ist, dass er mir sogar etwas Seelenfrieden gebracht hat.

Frühlingserwachen und Neuanfänge

Nach einem langen Winter mit viel Schnee und Glatteis sind wir alle überreif für den Frühling. Eine Wochenendreise nach Venedig musste ich sogar absagen, weil das Flugzeug im Schneegestöber nicht starten konnte.

Inzwischen ist das Frühjahr in Italien zum Leben erwacht. Darauf müssen wir in Stuttgart noch etwas warten.

Die Rudersaison hat gerade begonnen. Das erste Training mit meinem Viererteam auf dem Neckar geht in diesem Moment zu Ende. Wir steuern die Anlegestelle an, als ich auf dem Uferweg meinen Bruder in Begleitung eines Mannes erblicke. Mit angehaltenem Atem starre ich zum Flussufer. Mein Herz beginnt zu flattern. Ist es tatsächlich möglich? Das ist ja Vincenzo! Eine Welle der Erleichterung schwappt über mich, da ich in den letzten Tagen vergeblich versucht habe, ihn zu erreichen. „Los Mädels, Endspurt!", befehle ich ungeduldig.

So schnell wie möglich will ich ans Ufer. Wir haben noch gar nicht richtig angelegt, als ich bereits aus dem Boot springe, wobei ich selbiges fast zum Kentern bringe.

„Was machst du denn hier?" rufe ich aufgeregt, während ich Vincenzo um den Hals falle.

„Ich habe eine Neuigkeit, die ich dir persönlich mitteilen wollte", grinst mein Liebster, der ein Dokument in DinA4 Größe in der Hand hält. Er und Andreas schauen sich verschwörerisch an.

„Allora", beginnt Vincenzo lachend – immer noch ist sein Blick auf seinen Begleiter gerichtet, „im Grunde hat das dein Bruder zu verantworten."

Ich bin verwirrt. Was hat die Anwesenheit meines Partners mit meinem Bruder zu tun? Und was hat dieser zu verantworten?

„Das hier", Vincenzo wedelt mit dem Dokument herum, „ist mein neuer Arbeitsvertrag. Ab Juli arbeite ich in Untertürkheim."

Wortlos falle ich dem Mann um den Hals, der tatsächlich bald mein Lebensgefährte sein wird.

„Aber ich verstehe immer noch nicht, was das mit Andreas zu tun hat." Fragend sehe ich ihn an.

„Dein Bruder hat mich angerufen und mir mitgeteilt, ich solle gefälligst meinen Hintern hierher bewegen. Er wolle endlich mal wieder ein Gespräch mit seiner Schwester führen, das nicht mit dem Satz ‚... aber ich vermisse halt Vincenzo ...' endet. Und jetzt habe ich ein Jobangebot von der Firma Soltauer bekommen, bei der auch mein Bruder arbeitet. Die haben eine Niederlassung in Untertürkheim. Ich war heute dort und habe den Vertrag unterschrieben."

Empört stemme ich meine Hände in die Hüften und starre Andreas an: „Was hast du gesagt? Das ist ja unglaublich!"

Die beiden krümmen sich vor Lachen. Sofort fühle ich mich nach Venedig zurückversetzt zu dem Nachmittag, als die zwei Verschwörer sich über meine Surfkünste lustig gemacht haben.

Andreas wendet sich zum Gehen: „Ich bin dann mal weg. Mein Job ist erledigt. Ich habe ihn abgeliefert. Den Rest müsst ihr selbst hinkriegen."

Vincenzo nimmt mich in den Arm:

„Aber jetzt mal im Ernst, Melanie. Ich freue mich wie verrückt, dass wir endlich richtig zusammen sein können."

Nur langsam begreife ich, was das bedeutet. Kein Hin- und Herpendeln mehr, eine gemeinsame Wohnung, gemeinsame Abende und Wochenenden. Unsere gemeinsame Zukunft beginnt in diesem Moment, jetzt und hier. Wird mir Italien fehlen? Vincenzo scheint meine Gedanken zu erraten:

„Wir können ganz oft an den Gardasee und nach Venedig fahren. Zusammen." Dabei lächelt er und drückt mich fest an sich.

Die gemeinsame Zukunft kann beginnen

Missmutig durchblättere ich die Wohnungsanzeigen in der Stuttgarter Zeitung. Wieder nichts dabei. Zumindest nichts Vernünftiges zu einem bezahlbaren Preis. Zwar schwebe ich auf einer rosa Wolke, seit ich erfahren habe, dass Vincenzo ab Juli in Untertürkheim arbeiten wird, aber mir ist auch klar, dass jede Menge Arbeit auf uns zukommt. Es ist Ende April. Es bleiben uns nur wenige Monate, um eine größere Wohnung zu finden, meine Siebensachen dorthin umzuziehen sowie Vincenzos Habseligkeiten nach Deutschland in das neue gemeinsame Nest zu schaffen, das ich bisher noch nicht einmal gefunden habe.

In Bad Cannstatt fühle ich mich wohl. Da soll unser neues Zuhause sein. Die Zeit ist wirklich knapp. Überraschend kommt uns Vincenzos neue Firma bei der Wohnungssuche zur Hilfe. Ein Service für neue Mitarbeiter. Die Dame aus der Personalabteilung ist schon bald eine gute Freundin, da wir so oft telefonieren.

„Ich bin's wieder", meldet sie sich, „ich glaube, ich hab da was für euch. Eine Wohnung in Cannstatt mit hundertfünf Quadratmetern, vier Zimmern, großem Balkon, geräumigem Kellerraum und Garage. Der Preis ist im Rahmen. Na?"

„Super", jubele ich, „wann kann ich sie sehen?"

In Stuttgart eine Wohnung zu finden, ist nicht ganz einfach. Manchmal kommen fünfzig potentielle Mieter zu einer Besichtigung. Meine neue Freundin hat mir einen Exklusivtermin verschafft. Ich betrete die Wohnung und denke: Volltreffer. Genug Platz für uns sowie den vermutlich stetigen Besucherstrom aus Italien. Sogar ein Kellerraum, groß genug für Vincenzos Surfausrüstung, ist vorhanden. Mit telefonischem Einverständnis meines neuen Lebensgefährten sage ich ohne zu zögern zu. Meine Wohnung kündige ich sofort.

Bei meinem Vater treffe ich auf Unverständnis für diese Entscheidung. Als er und meine Mutter damals geheiratet haben, mussten sie anfangs in einer winzigen Wohnung leben.

„Warum musch du jetzt umziehe? Mir hen früher au net viel Platz ghet", mosert mein alter Herr.

Die Tatsache, dass die Zeiten sich geändert haben, ist wohl an ihm vorbei-gezogen.

„Außerdem werden wir öfter Besuch aus Italien bekommen", füge ich ver-ständnisheischend hinzu.

„Die könnet doch bei uns übernachte", entkräftet er mein Argument. Wie soll ich es ihm erklären? Nicht jeder hat ein so dickes Fell wie mein Herz-blatt. So mancher Besucher würde vielleicht nach einer Übernachtung bei meinem Vater nicht wiederkommen.

„So, die großen Möbel und das Auto habe ich verkauft", seufzt Vincenzo selbstzufrieden ins Telefon. Dies ist unser letztes Gespräch, bevor ich nach Italien aufbreche, um ihn persönlich abzuholen. „Eigentlich ist das gut so", fährt er fort, „einen Teil der Sachen habe ich noch mit Maria zusammen ge-kauft. Die Vergangenheit ist abgeschlossen. Die will ich nicht mit in unser neues Leben bringen."

Ich bin froh, dass wir über dieses heikle Thema sprechen können. Er hat mir nie irgendwelche Details von dem Unglücksabend geschildert.

„Was ist eigentlich damals passiert?", wage ich nun einen Vorstoß.

Kurzes Zögern.

„Sie war mit ihrem Fiat Panda unterwegs. Ein Lkw-Fahrer hat ihr die Vor-fahrt genommen. Sie hatte keine Chance."

Kurzes Schweigen in der Leitung.

„Ich wollte sie damals noch einmal sehen. Das hätte ich nicht tun sollen. Ich hatte wochenlang Albträume."

Ich weiß nicht so recht, was ich sagen soll.

„Das tut mir wirklich leid."

Er atmet tief durch:

„Aber jetzt freue ich mich auf die Zukunft mit dir."

Das tut gut.

Meine Schulfreundin Petra hat sich nach langem Hin und Her endlich von ihrem nichtsnutzigen Lebensgefährten getrennt. Ich konnte sie überreden, mir bei der langen Fahrt nach Italien Gesellschaft zu leisten. Die Ablen-kung kann sie gut gebrauchen. Außerdem will ich unbedingt einen Rückfall ihrerseits verhindern. Schließlich ist Martin nicht zum ersten Mal ausgezogen, diesmal soll es für immer sein.

An einem lauen Frühsommerabend sitze ich bei meinen Eltern auf der Terrasse. Mein alter Herr hat die Grillsaison eröffnet und brutzelt Steaks und Würstchen. Selbstverständlich trägt er die überdimensionale Kochschürze mit der Aufschrift „Ich liebe den Bodensee", die er von meiner Mutter zu Weihnachten bekommen hat. Mit großer Konzentration wendet er die Fleischstücke auf dem Rost, während meine Mutter und ich den Tisch decken. Ich berichte von der bevorstehenden Umzugsaktion und der damit verbundenen Fahrt nach Italien.
„Wellet ihr ned mit unserm Audo fahre?", wirft mein Vater in die Runde, „in deins passt jo nix nei."
Ich bin sprachlos. Mein Vater bietet mir freiwillig sein heiliges Blechle an. Es erscheint durchaus sinnvoll, mit einem großen Kombi zu fahren.
„Du weißt aber schon, dass wir damit bis nach Italien fahren, ja?", versichere ich mich bei ihm. Er rollt mit den Augen und schweigt.
Ich folge meiner Mutter in die Küche, um die bereits vorbereiteten Salate nach draußen zu holen. Dort klärt sie mich auf.
„Der mog den Vincenzo, au wenn er des net zugibt."

Es ist Anfang Juni. Ich bin startklar für meinen Kurztrip nach Bella Italia. Diesmal über Innsbruck und die Brennerautobahn. Nicht die umständliche Route über die Schweiz, die ich mit Andreas genommen habe. Eine lange, anstrengende Fahrt liegt vor uns, weshalb ich froh bin, Petra dabeizuhaben. Nachdem ich mehrmals bekundet habe, wie sehr ich mich freue, dass Vincenzo nun endlich zu mir nach Deutschland kommt, platzt meiner Mitfahrerin der Kragen:
„Halt jetzt die Klappe, sonst kannst du mich sofort hier aussteigen lassen und ich fahre mit der Bahn nach Hause."
Beleidigt schweige ich. Sie ebenfalls.
„Ich gönne es dir ja", gesteht sie irgendwann zähneknirschend ein, „aber verstehst du nicht, wie schwierig es für mich ist, dich so glücklich zu sehen? Martin ist jetzt zum zweiten Mal ausgezogen. So langsam frage ich mich, ob es überhaupt jemanden gibt, der zu mir passt", jammert sie verzweifelt.
Oh weh, da bin ich in das größte Fettnäpfchen weit und breit getreten,

ohne es überhaupt zu bemerken. Ich schäme mich, dass ich überhaupt nicht nachgefragt habe, wie sie mit der Trennung zurechtkommt. Ich bin einfach davon ausgegangen, dass sie froh ist, ihn endlich los zu sein. Allzu gut erinnere ich mich, wie ich mich nach Jonas' plötzlichem Auszug gefühlt habe. Das ist eindeutig eine Rote Karte an mich. Erst jetzt, als ich darüber nachdenke, fällt mir auf, dass Petra in den letzten Monaten eher bedrückt wirkte.

„Danke, dass du mir den Kopf gewaschen hast", gestehe ich, „schließlich bist du meine beste Freundin. Unsere Freundschaft ist mir sehr wichtig." Insgeheim gelobe ich Besserung.

Am späten Nachmittag rollen wir bei Vincenzos Bruder Mario in Mestre ein. Mein Herzblatt hat seine Habseligkeiten bereits dorthin geschafft. Die größeren Möbel und Schachteln sind schon von der Transportfirma abgeholt worden.

„Umzüge in Venedig", so werde ich informiert, „sind umständlich, weil man nicht einfach mit dem Auto vorfahren und einladen kann."

Daran habe ich überhaupt nicht gedacht, dass alles mit dem Boot transportiert werden muss! Den Abend verbringen wir mit Marios Familie. Seine Frau Maria hat Unmengen gekocht. Wir plauderten bis spät in die Nacht. Das scheint zur Gewohnheit zu werden. Vincenzo erklärt sich bereit, auf dem Sofa zu übernachten, sodass Petra und ich das Gästezimmer haben können.

„Wir werden noch genug Gelegenheit haben, in einem Bett zu schlafen", flüstert er mir zu. Das will ich mal hoffen!

„Weißt du", fängt Petra an, als wir spät abends müde in unsere Betten kriechen, „eigentlich bin ich fast ein bisschen neidisch auf dich. Vielleicht habe ich deshalb auch vorher so heftig reagiert. Du hast so ein Glück gehabt mit Vincenzo und seine Familie ist auch so nett."

Erstaunen macht sich breit. Noch nie bin ich auf die Idee gekommen, dass jemand einen Grund haben könnte, auf mich neidisch zu sein. Aber wenn ich so darüber nachdenke ... ich habe tatsächlich Glück gehabt.

In aller Frühe quälen wir uns aus dem Bett. Ich werfe einen kritischen Blick in den Badezimmerspiegel. Die Kombination aus Übermüdung und zu viel

Rotwein hat eindeutige Spuren hinterlassen. Ich versuche, das Schlimmste zu überdecken, Petra leistet mir Gesellschaft. Erleichtert stelle ich fest, dass sie auch nicht besser aussieht.

Mutter und Vater Castore reisen extra aus Venedig an, um sich von ihrem Jüngsten zu verabschieden, was natürlich nicht ohne Tränen vonstatten geht.
Mit großer Dankbarkeit denke ich an meinen Vater, der uns sein Auto überlassen hat. Niemals hätten Vincenzos Habseligkeiten in meinen Fiesta gepasst! Eng wird es trotzdem.
„Wir können Petra hier lassen", frotzelt Vincenzo, „meine Eltern nehmen sie sicher gerne auf."
Für einen Moment scheint sie das sogar ernsthaft in Erwägung zu ziehen. Sie ist sichtlich aufgeblüht.

Nach einer längeren Abschiedszeremonie, bei der mein Herzblatt seiner Mutter mehrfach versichert, dass er sie auch ganz bestimmt regelmäßig besuchen wird und Deutschland nicht auf der anderen Seite der Erdkugel liegt, fahren wir los. Vincenzo ist aufgeregt. Das Abenteuer Schwaben wartet auf ihn. Mit im Gepäck ist seine CD-Sammlung von Eros Ramazzotti. Gleich nach der Abfahrt legt er die erste CD ein. Schon beim allerersten Lied fangen wir drei an, mitzusingen. Vincenzo versucht, uns die Texte beizubringen, wir wiederholen sie brav. Ausgelassen trällern wir um die Wette. Dabei brechen wir jedes Mal in Gelächter aus, wenn wir nicht mehr weiter wissen. Die Zeit vergeht wie im Flug. In Deutschland angekommen, sind wir bereit für unser erstes Konzert als Backgroundchor von Eros. Herrlich. Sogar Petra kann ihre Beziehungssorgen für ein paar Stunden vergessen.

Mein Vater, so berichtet Mama, hat eine schlaflose Nacht hinter sich. Nicht meinetwegen, oh nein! Seine größte Sorge war wohl, dass sein geliebter VW-Kombi als Totalschaden aus Italien zurückkehren könnte.

Als der Umzugskonvoi vor unserem neuen Zuhause vorfährt, beäugen uns die Nachbarn neugierig. Vor der Eingangstür stehen zwei ältere Damen. Eine grauhaarige, etwas stämmige in einem Sommerkleid mit altmodischem Blümchenmuster hat ihre Handtasche unter den Arm geklemmt und

ist offenbar ausgehfertig. Ihr eher hageres Gegenüber ist mit einer braunen Kittelschürze bekleidet. Unter ihrem Kopftuch lugen Lockenwickler hervor. Bewaffnet ist sie mit einem Staubtuch, mit dem sie beim Sprechen aufgeregt herumwedelt. Die beiden unterhalten sich angeregt und schielen immer wieder schaulustig zu uns herüber. Die Grauhaarige scheint hin und hergerissen. Einerseits will sie zu ihrem Einkaufsbummel aufbrechen, andererseits möchte sie nichts von den Geschehnissen im Haus verpassen. „Des müsset die neue Mieter sei", höre ich die Frau mit dem Kopftuch flüstern, während ich mich mit einer riesigen Umzugskiste an ihnen vorbei quäle. Ich werfe den neuen Nachbarinnen ein höfliches „Grüß Gott" zu und ernte dafür einen wohlwollenden Blick. Dann fährt der Umzugswagen der italienischen Transportfirma vor. Plötzlich kommt Skepsis auf.
„Gugg mol, Hannelore, wo kommt der denn her?"
Die Frau in der Kittelschütze wedelt nervös mit ihrem Staubtuch.
„Ha, i wois au net", erwidert die Dame im Sommerkleid.
Ich grinse in mich hinein. Die beiden platzen fast vor Neugierde, trauen sich aber trotzdem nicht, uns zu fragen.
„I muss mol los", beendet die Grauhaarige im Sommerkleid schweren Herzens das Gespräch. Die Frau mit dem Staubtuch hingegen widmet sich mit vollem Elan der sorgfältigen Reinigung des Treppengeländers. Erst als wir die letzten Kisten in unsere Wohnung schleppen, gestattet sich auch die eifrige Dame, Feierabend zu machen.

Unsere Haushaltszusammenführung ist erfolgreich abgeschlossen. Nun bleiben uns nur noch wenige Tage, bis Vincenzo seine neue Stelle antreten muss und auch für mich der Büroalltag beginnt.

Wir nutzen diese Zeit für einen Abstecher nach Heidelberg. Dort nimmt Kathy, die Freundin meines Bruders, an dem einjährigen Austauschprogramm teil, für das sie sich beworben hatte. Andreas verbringt nun seine Wochenenden dort.

Willkommen in Schwaben

Etwa zwei Wochen nach unserem Einzug in die neue Wohnung entdeckt Vincenzo ein Schild an unserer Eingangstür, auf dem das Wort „Kehrwoche" prangt. Erstaunt runzelt er die Stirn. Zuerst schaut er mich an, dann die seltsame Aufschrift auf dem Schild. Sein ungläubiger Blick verrät mir, dass er versucht, diesem merkwürdigen Wort einen Sinn zu entlocken.

„Was soll das denn heißen?", will er wissen.

Mit Daumen und Zeigefinger entfernt er den Fremdkörper von unserem Türgriff, als ob er ein Stück verschimmelten Käse aus dem Kühlschrank gefischt hätte. Da die Kehrwoche für mich eine Selbstverständlichkeit ist, erschien sie mir bei unserem Einzug nicht erwähnenswert. Also kläre ich ihn jetzt auf. Sofort merke ich, dass er sich fragt, auf welchem Planeten er gelandet ist.

„Wie bitte?", ereifert sich mein Lebensgefährte, „ich soll meine wertvolle Freizeit verschwenden, um hier die Treppe zu putzen und den Hof zu fegen? Das kommt überhaupt nicht infrage!"

Was er denn als Alternative anzubieten habe, erkundige ich mich daraufhin. Sofort will er den Hausmeister anrufen. Der soll uns eine Putzfrau beschaffen, die das erledigt.

„Ich mach das nicht – und du auch nicht!", schließt Vincenzo. Damit ist das Thema Kehrwoche abgeschlossen. Für uns zumindest. Nicht aber für die anderen Parteien im Haus. Mittlerweile hat sich die Dame in der braunen Kittelschürze als Frau Häberle bei uns vorgestellt. Sie wohnt direkt neben uns. Zufällig treffe ich sie im Treppenhaus:

„Wer isch jetzt die Frau, die do die Trepp buzt?"

„Das ist die Putzfrau, die unsere Kehrwoche macht", entgegne ich.

Der Blick, den sie mir zuwirft, geht mir durch Mark und Bein. So etwas hat sie in fünfundzwanzig Jahren in diesem Haus noch nie erlebt.

„Ha, wenn Sie sich des leischde könnet?", bemerkt sie zögerlich. Ihre gerunzelte Stirn verrät mir, dass sie für solche Sperenzchen keinerlei Verständnis hat.

Obwohl mein neuer Lebensgefährte schon sehr gut deutsch spricht, hat er doch immer wieder mit dem schwäbischen Dialekt zu kämpfen. Auch die Auswahl an Brotsorten in deutschen Bäckereien findet er als Italiener überwältigend.

„Ich bin gleich wieder da", ruft er mir bei einem Stadtbummel zu und verschwindet in einer Bäckerei. Kurz darauf kehrt er mit leeren Händen zurück.

„Was ist?", will ich wissen, „hast du es dir anders überlegt?"

Ein verzweifelter Blick.

„Ich habe keine Ahnung, was diese Verkäuferin von mir will." Nun betreten wir gemeinsam die Bäckerei. Die Verkäuferin, eine mollige Mittfünfzigerin mit dauergewelltem, braunem Haar, runzelt die Stirn, als sie Vincenzo erneut erblickt. Es duftet nach frischgebackenen Laugenbrezeln. Die eifrige Angestellte sortiert mit routinierten Handgriffen die angelieferten Brötchen in verschiedene Körbe. Vincenzo studiert fasziniert die Beschriftungen der verschiedenen Brötchenkörbe. Mehr an mich gewandt fragt sie:

„Ha, was wellet Se denn jetzt für a Weckle?"

Immer noch ein verständnisloser Blick auf dem Gesicht meines Gefährten.

„Was ist denn ein Weckle?", flüstert er mir zu.

Ich grinse.

„Das ist ein Brötchen."

„Und warum heißt das nicht so?", will er wissen.

Diese Frage kann ich leider nicht beantworten. Wir Schwaben verwenden eben gerne unser eigenes Vokabular. Die Verkäuferin hat unseren Wortwechsel mitverfolgt. Mit einem großmütigen Lächeln überreicht sie Vincenzo die Tüte mit den ausgesuchten „Weckle".

„Sodele. Beim nägschten Mol wisset Sie des au, gell?"

Bäckereiverkäuferinnen stellen nicht die einzige Herausforderung für mein Herzblatt dar. Auch die gute Frau Häberle von nebenan bringt ihn regelmäßig zur Verzweiflung. Jedes Mal, wenn er in den Hof geht, um den Mülleimer zu leeren, bewegt sich nebenan der Vorhang am Fenster. Scheinbar zufällig erscheint die Witwe im Treppenhaus und hindert Vincenzo an der Rückkehr in unsere Wohnung.

„Kennet Sie mir mol den Getränkekaschde aus meim Keller hole?", bittet sie ihn. Das ist nur eine der Ausreden. Ein anderes Mal muss ein Nagel in die Wand geschlagen oder ein Gegenstand aus dem obersten Schrank geholt werden. Sie ist von diesem fremden Wesen fasziniert, das so überhaupt nicht in ihre Schablone passt.

„I han denkt die Iddaliener hen alle schwarze Hoor", gesteht sie mir bei einem aufgezwungenen Plausch im Treppenhaus. Das scheint ihr Lieblingsort im Haus zu sein, denn ich treffe sie fast täglich beim Abstauben des Treppengeländers an. Als Spionin des hausinternen Nachrichtendienstes braucht sie selbstverständlich eine Beschäftigung, die es ihr ermöglicht, sich im Mittelpunkt des Geschehens aufzuhalten. Heute trägt sie zur Abwechslung eine blau-rosa gemusterte Kittelschürze.

„Nein", erwidere ich, „es gibt durchaus blonde oder brünette Italiener. Stellen Sie sich vor. Es gibt sogar Italiener, die nicht der sizilianischen Mafia angehören."

Nachdenklich knetet sie das Staubtuch in ihrer Hand. Nun ist ihr Weltbild endgültig aus den Fugen geraten.

„Aber wissen Sie, Frau Häberle", vertrauensselig tätschele ich ihre Schulter und fühle den frisch gestärkten Stoff ihrer altmodischen Schürze, „eigentlich ist die Mafia ganz harmlos. Sie müssen denen nur ab und zu ein paar Euro zustecken. Dann tun die Ihnen nichts."

Merkwürdigerweise werden Vincenzos Dienste nun seltener in Anspruch genommen.

Auch das Ehepaar Bock aus dem Erdgeschoss ist besorgt über die Tatsache, dass ich in wilder Ehe mit einem Ausländer hause. Herr Bock ist ein rechtschaffener Cannstatter Ureinwohner, der schon seit Jahr und Tag bei der Stadtverwaltung angestellt ist. Die sitzende Tätigkeit sowie die gutbürgerliche schwäbische Küche haben bei dem Mittvierziger ihre Spuren hinterlassen. Sein üppiger Bauchumfang und die Halbglatze lassen ihn etwas älter erscheinen, als er tatsächlich ist. Auch seine Gattin scheint einem Sonntagsbraten mit Spätzle nicht abgeneigt zu sein. Jedenfalls ist sie ebenso gut beleibt. Ihr rot-braun gefärbtes, kurz geschnittenes Haar lässt sie einige Jahre jünger erscheinen als ihren Ehemann. Scheinbar bangen die beiden um den tadellosen Ruf unseres Mietshauses.

„Caschtore, was isch denn des für en Noma?", fragt mich Herr Bock, als er Vincenzos Namen auf unserem Türschild erblickt. Kummervoll schüttelt er den Kopf und streicht sich nachdenklich über sein Doppelkinn.

„Ein italienischer", gebe ich trotzig zurück. Das bringt mir einen besorgten Blick ein. Offensichtlich hat mein Vater seine Aufsichtspflicht verletzt, sonst wäre ein solcher Ausrutscher nicht passiert.

„Nächste Woche kommt die Verwandtschaft aus Italien zu Besuch. Am besten schließen Sie Ihr Gartenhäusle ab, sonst fehlt nachher vielleicht ein Teil Ihres Werkzeugs", bemerke ich mit einem listigen Augenzwinkern und lasse ihn im Gang stehen. Vincenzo erzähle ich davon nichts.

Am nächsten Tag beobachte ich, wie Herr Bock meinem Lebensgefährten vor der Garage auflauert.

„Mir hen gar nix dagega, wenn Ihr Verwandtschaft zu Besuch kommt", erklärt unser Nachbar großmütig, „mir hen au nix gega Iddaliener, mir esset au gern Pizza und Spaghetti."

Vincenzo runzelt die Stirn und wünscht Herrn Bock einen schönen Abend. Ich stehe mit eingezogenem Kopf am Küchenfenster.

„Sag mal, der Bock aus dem Erdgeschoss. Trinkt der? Oder was ist mit dem los?", fragt mich mein Liebster noch etwas irritiert, als er in die Küche erscheint. Ich zucke mit den Schultern.

Wenige Tage später hilft Vincenzo Frau Bock beim Ausladen ihrer Vorräte aus dem Auto. Die Menge der Lebensmittel lässt erkennen, dass sie im Falle eines Kriegsausbruchs einen Nahrungsmittelengpass vermeiden möchte. Ihr Ehemann hat rechtzeitig das Weite gesucht, bevor er zum Arbeitseinsatz herangezogen werden konnte. Unsere Nachbarin ist beeindruckt von diesem Kavalier, der bereitwillig Schachteln und Sprudelkisten ins Haus schleppt. Als Vincenzo ihr zum Schluss noch ein charmantes Lächeln schenkt, scheinen plötzlich weder seine italienische Abstammung noch die Tatsache, dass wir nicht verheiratet sind, von Belang zu sein.

Abends sitzen wir auf dem Balkon. Die Stimmen des Ehepaars Bock sind im Garten zu vernehmen.

„Des isch a nettes Paar, was do einzoga isch neben der Frau Häberle", lässt Frau Bock verlauten.

Auch im Büroalltag eines internationalen Unternehmens bleibt meinem Lebensgefährten der Umgang mit dem schwäbischen Dialekt nicht erspart. Nun hat er einen neuen Kollegen bekommen: Herrn Eberle aus Trossingen.

Für einen normalerweise wortkargen Schwaben von der Schwäbischen Alb ist der Neue äußerst gesprächig. Das einzige Problem ist, dass Vincenzo seinen ständigen Monologen nicht wirklich folgen kann. Scheinbar beginnt er fast jeden Satz mit einem ausladenden „Ha no". Was denn das heißen solle, erkundigt sich mein italienischer Gefährte bei mir.

„Das ist so ein Füllwort wie *allora*", versuche ich zu erläutern. Vincenzo sieht mich ungläubig von der Seite an. „Ha no, ist eben so", ergänze ich fachkundig.

Begegnung mit der Vergangenheit

Seit Vincenzo seine neue Stelle als Marketingmanager angetreten hat, stecken wir im normalen Alltagstrott. Arbeit von Montag bis Freitag. Möglichst viel Entspannung am Wochenende, dazwischen irgendwie den Haushalt erledigen.

An einem Samstagmorgen beschließen wir, zum Bummeln in die Stadtmitte zu fahren. Wir biegen gerade in die Calwer Passage ein, als uns eine hochgewachsene, männliche Gestalt entgegen kommt, die direkt auf mich zusteuert: mein Ex-Freund Jonas. Nachdem ich ihn seit Jahren nicht mehr gesehen habe, taucht er nun plötzlich aus der Versenkung auf. Als er sich mit einer fadenscheinigen Ausrede aus meinem Leben verabschiedete, war ich monatelang am Boden zerstört. Eine ganze Rede hatte ich mir zurechtgedacht, die ich ihm an den Kopf werfen wollte, um ihm mitzuteilen, wie sehr er mich mit seinem Verhalten verletzt hat. Oft habe ich mir ausgemalt, wie ich mich wohl dabei fühlen würde. Nun steht er vor mir und ich fühle nichts.

Vincenzo mustert mich mit einem Seitenblick und legt intuitiv seinen Arm um meine Schulter. Er scheint zu spüren, dass dies kein normaler Bekannter ist.

„Hallo Jonas", begrüße ich ihn kühl.

„Mensch, Melanie, du siehst ja toll aus. Wie geht es dir?", grüßt er überschwänglich zurück, ohne dabei meinem Gefährten die geringste Beachtung zu schenken. Er war schon immer etwas arrogant, in meiner Verliebtheit habe ich das damals nicht bemerkt.

„Das ist mein Lebensgefährte Vincenzo", stelle ich den Mann an meiner Seite vor.

Dieser lächelt freundlich, während er Jonas die Hand schüttelt, wird aber nur mit abschätzendem Blick von seinem Gegenüber gemustert. Was für ein arrogantes Arschloch! Was bildet der sich ein? Es brodelt in mir. Immer noch entschlossen, meine bessere Hälfte zu ignorieren, wendet sich Jonas an mich:

„Ruf mich mal an, wenn dein Ferienflirt wieder abgereist ist."

Das ist ja wohl der Gipfel! Ich bin empört. Vincenzo lässt sich nicht aus der Ruhe bringen. Falls Jonas' Worte ihn verletzt haben, überspielt er dies geschickt. Plötzlich ist meine Wut verpufft. Ich hole tief Luft:

„Weißt du was, Jonas, ich werde dich sicher nicht anrufen. Selbst wenn du der letzte Mann auf Erden wärst, würde ich mich nicht bei dir melden. Aber ich bin dir dankbar, dass du mich verlassen hast, sonst hätte ich Vincenzo nicht getroffen und auch nicht gemerkt, was du für ein arrogantes Arschloch bist."

Ohne ein weiteres Wort gehen wir in Richtung Calwer Straße davon. Die Melanie, die ihn damals bedingungslos angehimmelt hat, gibt es nicht mehr.

„War das der Idiot, den Andreas mal erwähnt hat?", fragt mich mein Herzblatt in lautem Plauderton, während wir weiterbummeln. Ich nicke. Jonas muss es gehört haben, reagiert aber nicht.

Als wir die Königstraße erreicht haben, steigt die Wut wieder in mir hoch.

„Ich bin so sauer auf mich selbst", schimpfte ich vor mich hin, „ich kann es gar nicht glauben, dass ich wegen dieses Blödmanns so lange unglücklich war, so viel wertvolle Lebenszeit habe ich verschwendet! Und wie kannst du überhaupt so ruhig bleiben, nachdem er dich beleidigt hat?" Vincenzo schaut mich an und schmunzelt:

„Jetzt atme mal tief durch und beruhige dich. Du bist schlimmer als eine Italienerin!"

Ich bin so überrascht, dass mein Zorn sofort wieder abklingt. „Hast du das nicht gemerkt?", fährt er fort, „Jonas war eifersüchtig. Auf dich, weil du glücklich bist. Und auf mich, weil ich jetzt mit dir zusammen bin. Er weiß, dass er damals einen Fehler gemacht hat, aber jetzt ist es zu spät. Außerdem", zwinkert er mir zu, „weiß ich, dass ich ein Glückspilz bin. Warum sollte ich mich da ärgern?"

Für jemanden wie mich, der immer gleich aus der Haut fährt, ist dies eine völlig neue Betrachtungsweise. Aber sie gefällt mir.

Das schwäbische Oktoberfest

„Andreas hat angerufen", berichtet Vincenzo eines Abends, „er hat mich für Freitagabend auf das Volksfest eingeladen." Scheinbar fühlt mein Bruder sich verpflichtet, seinem potentiellen Schwager etwas schwäbische Kultur beizubringen – oder es ist zumindest der Vorwand für die Einladung zu einem Besuch auf dem Wasen. Also bitte! Ich hege vielmehr die Vermutung, dass sie einfach mal ordentlich einen trinken gehen wollen.

„Ist das so etwas wie das Volksfest in München?", erkundigt sich mein Lebensgefährte neugierig.

„Es ist sozusagen das schwäbische Oktoberfest, nur dass es eben im September stattfindet", kläre ich ihn auf.

Mein letzter Besuch auf dem Cannstatter Volksfest, der schon einige Jahre zurückliegt, ist mir in nicht allzu rosiger Erinnerung geblieben. In unserem Zelt veranstalteten ein paar pickelgesichtige Minderjährige eine Schlägerei, weil man ihnen berechtigterweise keinen Alkohol ausschenken wollte. Zu guter Letzt wurden sie von der Polizei abgeholt. Eine solche Erfahrung muss ich nicht wiederholen. Ich klinke mich daher freiwillig aus.

Für uns Cannstatter ist diese Veranstaltung jedes Jahr aufs Neue eine kleine Herausforderung. Anwohner mit lärmempfindlichen Ohren fahren um diese Jahreszeit gerne in Urlaub. Andere feiern einfach mit, weil sie sich dem Trubel sowieso nicht entziehen können. In einem gebe ich meinem Bruder recht: Als Neu-Cannstatter muss Vincenzo zumindest einmal auf dem Wasen gewesen sein.

Für den besagten Abend habe ich meine Freundin Petra eingeladen. Wir wollen uns unseren Lieblingsfilm „Bridget Jones – Am Rande des Wahnsinns" anschauen. Nicht, dass ich da irgendwelche Parallelen sehe. Mit so einem Durchschnittstypen wie Mark Darcy kann man meinen Vincenzo nun wirklich nicht vergleichen. Jedenfalls verbringen wir einen gemütlichen Frauenabend mit Rotwein und Käsehäppchen.

Zu später Stunde, als Petra schon längst wieder nach Hause gegangen ist, kommen die beiden nicht gerade trinkfesten Volksfestbesucher in ziemlich angeheitertem Zustand nach Hause. Ich verweigere Vincenzo den Zutritt zu unserem gemeinsamen Schlafzimmer. So einen Trunkenbold, der nach Alkohol und Zigaretten riecht, kann ich da nicht gebrauchen.

Kopfschmerzen und
lückenhafte Erinnerungen

„Wie war's denn gestern Abend?", frage ich scheinheilig, als wir zu dritt ein spätes Frühstück einnehmen. Andreas berichtet, sie hätten irgendwann zu fortgeschrittener Stunde mit ihren gefüllten Gläsern auf einer Bierbank gestanden und lauthals Lieder von Eros Ramazzotti gegrölt. So wie ihre Stimmen klingen, glaube ich das gerne. Glücklicherweise erfährt Eros nichts von der Verunglimpfung seiner Musik. Die gehört nun wirklich nicht in ein Bierzelt! Obwohl – die anderen zwanzig Mittrinker sahen das wohl nicht so. Nach einem Crashkurs in Italienisch – so berichtet Andreas weiter – grölten sie alle fleißig mit. Vincenzo, dessen Teint einen leichten Graustich angenommen hat, wirft meinem Bruder einen vorwurfsvollen Blick zu.
„Keine Ahnung, wovon du redest. Daran kann ich mich nicht erinnern", behauptet er, während er sich seine schmerzenden Schläfen reibt.
Ich weiß nicht, ob der Alkohol den Gedächtnisschwund verursacht hat oder ihm die Sache nun doch etwas peinlich ist. Auf jeden Fall sehen die beiden verheerend aus. Andreas, dessen überstrapazierte Stimmbänder nur ein Krächzen zustande bringen, hat dunkle Ringe unter den Augen. Auch seine normalerweise relativ glatten braunen Haare lassen sich trotz intensiver Bearbeitung mit der Haarbürste nicht bändigen. Vincenzos sonst eher samtige Stimme klingt wie eine schlecht gestimmte Violine. Nachdem Andreas seine Ausführungen beendet hat, bringt er fast keinen Ton mehr heraus. Mein Liebster bekundet zum Abschluss, er wolle von schwäbischer Kultur fürs Erste nichts mehr wissen.

Nun ist wieder der Anti-Kater-Geheimtrunk der Familie Castore vonnöten, der schon einmal bei Andreas nach einer durchzechten Nacht am Gardasee zum Einsatz gekommen ist. Vincenzo will mir die Zutaten nicht verraten. Ehrlich gesagt – so genau will ich es gar nicht wissen. Er sieht ekelhaft aus, scheint aber auch diesmal seine positive Wirkung nicht zu verfehlen.

Nach einem gemütlichen Nachmittag auf dem Sofa fragt mich mein Lebensgefährte vorsichtig, ob er denn in der kommenden Nacht wieder bei mir schlafen dürfe.

„Wieso?", erkundige ich mich unschuldig, „hat es dir mit Andreas nicht gefallen?"

Er verzieht das Gesicht zu einem schmerzlichen Grinsen. Nachdem er die halbe Nacht neben meinem schnarchenden Bruder ausgeharrt hat, muss ihm dieser irgendwann wohl auf die Pelle gerückt sein. Vermutlich hat er von seiner Freundin Kathy geträumt. Daraufhin ist Vincenzo auf den Sessel geflüchtet. An unser Gästezimmer hat er nicht gedacht. Die Auswirkungen übermäßigen Alkoholkonsums sind eben doch beträchtlich.

„Na gut", räume ich großzügig ein.

Noch mehr schwäbische Kultur

Am Tag darauf laden uns meine Eltern zum Mittagessen ein. Während Vincenzo die Speisen auf dem Tisch betrachtet, flüstert er mir zu: „So unterschiedlich sind unsere Kulturen gar nicht. Wir können nicht ohne Pasta leben und ihr nicht ohne Spätzle."

Wie wahr! Während des Essens, zu dem auch Andreas erschienen ist, verkündet er dann, dass sein Kulturbedürfnis im Bezug auf alkoholische Getränke und damit zusammenhängende Festivitäten, bis auf Weiteres erschöpft sei. Ob wir Schwaben denn auch noch andere kulturelle Höhepunkte anzubieten hätten?

Mein Vater fühlt sich sofort bei seinem Stolz gepackt.

„Ha, ihr misset mol an de Bodesee fahre", eifert er sich. Andreas stöhnt und verbirgt das Gesicht in seinen Händen. Ich rolle genervt mit den Augen. Als Kinder sind wir – bis auf den einen Ausrutscher an die Nordsee – jedes Jahr in den Sommerferien an den Bodensee geschleppt worden, während andere Mitschüler mit ihren Eltern nach Spanien oder Griechenland reisen durften.

„Do kennet ihr au surfe gehe", wendet er sich nun listig an meinen Lebensgefährten. Dieser horcht sofort auf: Wasser, surfen – da tun sich ganz neue Perspektiven auf. Das ist ein kluger Schachzug von meinem alten Herrn gewesen. Sogar Andreas hebt interessiert den Kopf. Ich ergebe mich meinem Schicksal. Ein Wochenende am Bodensee scheint unvermeidlich zu sein.

Vorgeschädigt durch die Zwangsaufenthalte meiner Kindheit und Jugend, bin ich seit meinem sechzehnten Lebensjahr nicht mehr am „Schwäbischen Meer" gewesen. Fast zwei Wochen sind seit dem besagten Gespräch beim Mittagessen vergangen. Nun ist es Freitagnachmittag und wir rollen auf der A81 in Richtung Singen.

Mein Vater lässt es sich nicht nehmen, sein Lieblingsurlaubsziel persönlich zu präsentieren, was bedeutet, dass meine Mutter ebenfalls mit von der Partie ist. Mein Bruder Andreas sowie seine Freundin Kathy, die den Bodensee ebenfalls nicht kennt, haben sich mit eingeklinkt. Außerdem ist meine

Freundin Petra eingeladen, die noch unter der Trennung von Martin leidet und eine Luftveränderung braucht. An ein romantisches Wochenende zu zweit ist nicht zu denken.

Vierzehn Jahre lang habe ich der Region keine Beachtung mehr geschenkt. Nun bin ich überrascht, wie schön ich es dort finde. Das Flair ist fast südländisch. Ich hege die Vermutung, dass Vincenzo sich ein klein wenig an seine Heimat erinnert fühlt.

Zum Surfen ist es mittlerweile zu kalt. Vincenzo und Andreas wollen dem Surfklub in Überlingen trotzdem einen Besuch abstatten. Ich ahne schon, dass sie bei nächster Gelegenheit zu einem Männerwochenende aufbrechen werden.
Anschließend folgt eine Besichtigung der Pfahlbauten in Unteruhldingen. Mein Vater lässt sich im kleinsten Detail darüber aus, was für ein einmaliges Phänomen diese auf Pfählen erbauten Häuser doch sind. Vincenzo und ich können uns kaum beherrschen.
„Sollen wir es ihm sagen?", lacht er mir ins Ohr, „dass Venedig auch auf Pfählen erbaut ist?"
Lieber nicht.

Wir übernachten in der Pension, in der meine Eltern schon seit Jahren Stammgäste sind. Der Besitzer freut sich über das internationale Publikum.

Unsere Gruppe bummelt gerade durch die schöne Fußgängerzone von Konstanz, als uns ein hochgewachsener, geschniegelter Mann mit einer aufgetakelten Blondine am Arm entgegenkommt: Jonas! Das ist ja ein Ding! Nachdem ich ihn jahrelang nicht gesehen habe, begegnet er mir nun zum zweiten Mal innerhalb weniger Monate. Er sieht mich mit meiner gesamten Sippe auf sich zusteuern und erstarrt.
Mein Vater schnaubt wie ein wild gewordener Stier, der mit den Hufen scharrt, bereit zum Angriff. Das ist doch der Mann, der es gewagt hat, seine Tochter sitzen zu lassen, um sich mit einer fadenscheinigen Ausrede davonzumachen.
„Was will der denn do?", zischt er zwischen den Zähnen hervor, „dem sag i glei mol B'scheid."

Auch Mama schaut etwas indigniert. Schließlich habe ich ihr gute zwei Jahre lang in ausführlichen Telefongesprächen aus England die Ohren vollgeheult.

Kathy schielt verwirrt zu Andreas hinüber. Der weiß nichts von der Begegnung mit Jonas in der Calwer Passage. Daher schaut er völlig unbedarft drein, als mein Ex-Freund ihn feindselig anstiert. Vincenzo legt meinem Vater beschwichtigend die Hand auf den Arm, wohl, weil er befürchtet, dass dieser sich unmittelbar auf den Erzfeind stürzen könnte. Gleichzeitig durchbohrt er Jonas mit einem Blick, dem dieser nicht standhalten kann.

Der Ausdruck auf dem Gesicht der Blondine am Jonas' Arm schwankt zwischen Angst und Verblüffung. Sie scheint keine Ahnung zu haben, wer ich bin und was sich hier abspielt.

„So, ich bin also ein Idiot", pfeift Jonas Vincenzo wütend an. Dieser zieht nur die Augenbrauen nach oben.

Mit einer Seelenruhe, die mich selbst überrascht, und einem abschätzenden Blick auf Blondie zwitschere ich Jonas zu: „Oh, du hast dir auch jemand anderen gesucht."

Das scheint ihm dann doch etwas peinlich zu sein. Jedenfalls schaut er betreten zu Blondie hinüber. Gleichzeitig wird ihm wohl bewusst, dass wir in der Überzahl sind. Wortlos räumt er das Feld.

Mein Vater schnaubt noch immer.

„Was bildet der sich denn ein?", ereifert er sich.

„Reg dich nicht auf", erwidert Vincenzo in bestimmendem Tonfall, „davon lassen wir uns das Wochenende nicht verderben."

Ehrfürchtig starrt mein Vater ihn an. So viel Gelassenheit hat er einem temperamentvollen Italiener wohl nicht zugetraut.

Petra, die mich schon immer vor Jonas' Arroganz gewarnt hat, bestätigt mir nun:

„Siehst du, es hat sich nicht gelohnt, dem Kerl hinterher zu weinen."

Das habe ich nun auch selbst verstanden. Außerdem hat die gut reden. Der Typ, der gerade bei ihr ausgezogen ist, war auch nicht besser.

Nach einem Rundgang durch Meersburg und einer Schifffahrt auf dem See kehren wir am nächsten Tag nach Stuttgart zurück. Ich habe mich tatsächlich mit der Bodenseeregion ausgesöhnt und freue mich auf meinen nächsten Besuch.

Bald schon holt uns der Alltagstrott wieder ein. Ein paar ereignislose Wochen gehen ins Land, in denen die Tage immer kürzer werden. Die dunklen Wintermonate sind auf dem Vormarsch.

Heimarbeit ist keine Arbeit

Vincenzo bastelt an einem neuen Marketingkonzept für seine Firma. Da Kollege Eberle, das Urgestein von der Schwäbischen Alb, ihn täglich mit einem stetigen Redeschwall unterhält, ist an sorgfältige Arbeit nicht zu denken. Deshalb hat er Home Office beantragt, um sich der Angelegenheit mit Ruhe und Konzentration zu widmen. Schon seit einigen Tagen verlasse ich jeden Morgen alleine das Haus, um mich auf den Weg zur S-Bahn zu machen. Eines Nachmittags erwartet mich bei meiner Rückkehr aus dem Büro die hagere Gestalt von Klara Häberle. Scheinbar zufällig geht sie ihrer Lieblingsbeschäftigung, dem Polieren des Treppengeländers, nach. Als sie mich erblickt, verschwindet das Putztuch in ihrer Schürzentasche.

„Jetzt kennet Se sich wahrscheinlich koi Butzfrau me leischde, wenn Ihr Freund koi Geschäfd me hat, gell?"

Selbstgefällig stemmt sie ihre knochigen Hände in die Hüften. Unter ihrem bunten Kopftuch hat sich eine Haarlocke gelöst, die im Takt mit dem nickenden Kopf auf ihrer Stirn auf und ab hüpft. Ich horche erstaunt auf. Da muss mir etwas entgangen sein.

„Ha, der isch doch de ganze Dag dahoim", klärt sie mich mit einem wissenden Blick auf.

„Ja, er macht Home Office", erläutere ich.

Unbewusst tritt unsere dürre Nachbarin einen Schritt zurück und fasst sich dabei an die Kehle. Ein Ausdruck von Skepsis und Unverständnis erscheint auf ihrem Gesicht. Mit einer automatischen Geste steckt sie die freie Hand in die Tasche ihrer Kittelschürze, um den Staublappen herauszuziehen, der ihr ständiger Begleiter ist. Nervös knetet sie darauf herum.

„Er arbeitet von zu Hause", fahre ich fort. Frau Häberle starrt mich ungläubig an. So eine plumpe Ausrede hat sie noch nie gehört.

In der Wohnung unter uns wohnt Frau Sturm, ebenfalls Witwe und Busenfreundin von Frau Häberle. Sobald ich am nächsten Morgen das Haus verlassen habe, klärt mich mein Lebensgefährte später auf, läutet sie an unserer Wohnungstür, die ihr von dem überraschten Vincenzo geöffnet wird.

Strahlend hält sie ihm einen Teller, auf dem ein überdimensionaler Hefe-zopf ruht, entgegen.

„I han Ihne was mitbrocht. Machet Sie sich nix draus, Sie findet bestimmt bald wieder a neue Stell", ermutigt ihn die Witwe. Frau Häberle kam ih-rer Aufgabe als hausinternes Sprachrohr pflichtbewusst nach und hat ihre Lieblingsfreundin über Vincenzos vermeintliche Arbeitslosigkeit infor-miert. Mein armes Herzblatt ist völlig verwirrt.

„Ich bin nicht arbeitslos. Ich mache Home Office", veranschaulicht er Frau Sturm die Situation. Nun zeigt sich ein wissender Blick auf dem faltigen Gesicht der forschen Nachbarin.

„Warum hat des die Klara net glei g'sagt? Mein Bua macht au manchmol Home Office", berichtet sie stolz, um meinem Partner zu zeigen, dass auch sie über die neuesten Marotten der modernen Arbeitswelt im Bilde ist.

„Den Hefezopf könnet Se trotzdem b'halde", fügt sie großzügig hinzu.

An diesem Morgen bin ich aus dem Haus gestürmt, ohne meinen Schlüssel mitzunehmen. Als ich am späten Nachmittag zurückkehre, sind die Jalousi-en heruntergelassen. Auch auf mein Läuten an der Tür bekomme ich keine Antwort. Zu guter Letzt rufe ich Vincenzo auf seinem Handy an:

„Warum machst du nicht auf? Bist du nicht zu Hause?"

„Ach du bist es", seufzt er erleichtert und öffnet mir die Haustür, „ich be-fürchtete, dass mich noch so eine verrückte Nachbarin besucht."

Geburtstagsüberraschung

Mein Geburtstag am vierzehnten November naht in schnellen Schritten. „Lass uns diesmal nur zu zweit feiern", schlägt Vincenzo vor. Soll mir recht sein. Ich habe sowieso etwas Stress in der Firma und daher keine Lust eine größere Feier vorzubereiten, bei der ich meinen eigenen Geburtstag in der Küche verbringen darf.

„Ich habe einen Tisch bei Maurizio reserviert", verrät mir mein Lebensgefährte am Vortag. Das ist unser Lieblingsitaliener um die Ecke. Er hat gemütliche kleine Tische und ist unser Zufluchtsort, wenn wir keine Lust zum Kochen haben, was öfter einmal vorkommt. Maurizio hat unseren Lieblingstisch am Fenster reserviert.

„Also", beginnt mein Gegenüber seine kleine Geburtstagsrede, „ich habe ein besonderes Geschenk für dich, aber ich wünsche mir auch gleichzeitig etwas von dir."

Nun bin ich verwirrt. Was soll das für ein Ratespiel werden?

„Komm, wir trinken erst mal einen Prosecco", schlägt er vor. „Du willst mich auf die Folter spannen. Das ist glatte Absicht", rufe ich ungeduldig.

Vincenzo schmunzelt, wartet aber ab, bis zwei Gläser Prosecco vor uns stehen.

„Alles Gute zum Geburtstag, mein Schatz", prostet er mir zu.

„Das", er überreicht mir eine kleine Schachtel, „ist mein Geburtstagsgeschenk." Noch während ich das Geschenk auspacke, fährt er fort: „Und was ich mir von dir wünsche, ist, dass du mich heiratest."

In der Schachtel liegt ein mit Diamantsplittern besetzter Verlobungsring in Weißgold. Wow. Mit offenem Mund starre ich mein Gegenüber an. Als mir die Bedeutung seiner Worte bewusst wird, schießen mir sofort die Tränen in die Augen. Glücklicherweise habe ich gerade meinen Prosecco hinuntergeschluckt, sonst hätte ich ihn vermutlich über den Tisch geprustet. Während ich schniefend in meiner Handtasche nach einem Taschentuch krame, blickt mich Vincenzo erwartungsvoll an:

„Und, was meinst du?"

Mit einem Tränenschleier vor den Augen hole ich tief Luft, um meine Fassung zurückzugewinnen.

„Wie, was meinst du?", antworte ich noch immer etwas aufgelöst, „ja meine ich natürlich! Das ist das beste Geburtstagsgeschenk, das ich je bekommen habe."

Als wir meinen Eltern mitteilen, dass wir heiraten wollen, bricht meine Mutter in Tränen aus:
„Ach, isch des schee!"
Mein Vater atmet erleichtert auf.
„Gott sei Dank!", trompetet er heraus, „dann hen mir vielleicht jetzt mol wieder unser Ruh. Du schwätsch ja von nix anderem mehr als von deim Vincenzo."
Und das vor den Augen meines zukünftigen Gatten! Oh Gott, wird er jetzt seinen Heiratsantrag rückgängig machen? Etwas verunsichert schiele ich zu ihm hinüber. Er lacht aus vollem Halse und verspricht meinem Vater, dass er als pflichtbewusster Ehemann sein Bestes tun wird, um mich zum Schweigen zu bringen. Ich hingegen suche zumindest die Unterstützung meiner Mutter:
„Also der übertreibt doch jetzt maßlos. Oder?"
Mama zieht den Kopf ein, während sie vorsichtig murmelt:
„Ha, so e bißle hat er scho recht."
So ist das also. Eine Familienverschwörung. Egal, auf jeden Fall werde ich bald Signora Castore sein. Das klingt doch viel melodischer als Melanie Schmidt.

Zweites Weihnachtsfest in Venedig

Wie im Vorjahr sind wir zum Weihnachtsfest alle nach Venedig eingeladen. Diesmal kommen meine Eltern sogar freiwillig mit. Nicht einmal mein Vater hat etwas zu meckern, außer, dass er das Check-in Personal am Stuttgarter Flughafen mit seinen Eskapaden quält. Vermutlich werden wir bald nicht mehr ausreisen können, weil sich sämtliche Mitarbeiter der Lufthansa weigern, uns abzufertigen. Also müssen wir diese letzte Chance ergreifen.

Das Weihnachtsessen übertrifft noch die kulinarischen Höhepunkte des Vorjahres. Die schwäbisch-italienische Mischung hat sich wieder einmal bewährt. Von meinem Vater und Antonio bekommen wir nicht viel zu sehen. Sie sind die meiste Zeit mit der „Stammtischmafia" unterwegs.

Petra leistet uns für ein paar Tage Gesellschaft. Sie ist begeistert von Vincenzos Familie. Ihre Eltern sind schon seit Jahren geschieden und reden nur gezwungenermaßen miteinander. Daher genießt sie die heitere, wenn auch manchmal lautstarke Atmosphäre. An Silvester sind wir Drei bei Vincenzos Schulfreund Gregorio eingeladen. Bei einem gemütlichen Abendessen berichtet ihm Vincenzo von seinen schwäbischen Abenteuern.
„Die Schwaben sprechen den seltsamsten Dialekt, den du dir vorstellen kannst", lästert er, „du glaubst, du kannst deutsch und dann verstehst du kein Wort."
Resigniert zuckt er mit den Schultern.
„Und unsere Nachbarin, die Signora Häberle, sieht aus wie eine alte Krähe. Sie weiß über alle im Haus genau Bescheid. Außerdem ist sie immer am Putzen."
Dabei mimt er ihre zusammengekniffenen Augen, mit denen sie jeden Hausbewohner kritisch mustert. Mit dem für die alte Dame typischen Gang stolziert er durch das Esszimmer und wedelt dabei mit seiner Serviette herum. Gleichzeitig demonstriert er mit erster Miene, wie Frau Häberle mit ihren krallenartigen Fingern das Geländer abstaubt. Petra und ich fallen fast vom Stuhl vor Lachen.

„Ich glaube, ich muss euch mal besuchen", kichert der erstaunte Gregorio.

Zahlreiche Regengüsse sowie der starke Föhnwind aus dem Süden sorgen für einen stetig steigenden Wasserspiegel. Der Hochwasserpegel ist am Anschlag. Kurz vor Mitternacht machen wir uns auf den Weg zum Markusplatz – in Gummistiefeln. Petra und Vincenzos Freund stapfen nebeneinander her und plaudern angeregt. Um Mitternacht fängt es an zu schütten. Davon lassen wir uns aber nicht die Laune verderben. Triefend nass erreichen wir Gregorios Wohnung. Wir befreien uns von unseren durchweichten Mänteln und lassen uns auf sein Sofa fallen. Nach einer kurzen Erholungspause legt unser Gastgeber, der eine umfangreiche Musiksammlung besitzt, eine flotte CD auf und wir tanzen dazu durch das Wohnzimmer. Ausgelassen hüpfen wir herum, bis wir am Ende erschöpft auf dem Sofa landen. Dort verweilen wir bis in die frühen Morgenstunden und plaudern. Irgendwann kommen wir auf Vincenzos verstorbene Verlobte zu sprechen:
„Ich freue mich sehr für euch", vertraut mir der Schulfreund an, „ich habe Maria gekannt. Mir hat das damals sehr leid getan, was passiert ist. Ich bin froh, dass Vincenzo dich gefunden hat."

„Gregorio, Maria und ich waren zusammen in der Schule", erzählt mir Vincenzo später, „er war auch in sie verliebt und ganz schön neidisch, als sie sich für mich entschieden hat. Ihr Tod hat ihn sehr getroffen."

Mein Lebensgefährte nimmt nur ungern Abschied von Italien. Schon bald werden wir wieder vom Arbeitsalltag eingeholt. So bleibt uns nicht viel Zeit, darüber nachzudenken. Außerdem müssen wir unsere Hochzeit organisieren.

Hochzeitsvorbereitungen

Ich kann es immer noch nicht glauben, ich – Melanie Schmidt – werde tatsächlich Vincenzo Castore heiraten.

Gut, ein paar kleine Opfer muss ich schon bringen. Zum Beispiel habe ich schon vor Jahren dem Papst eine Absage erteilt, indem ich aus der katholischen Kirche ausgetreten bin. Als Atheistin kann ich unter keinen Umständen einen katholischen Italiener heiraten. Also will ich meinen Austritt rückgängig machen und brav wieder in die Kirche eintreten. Anlässlich meines reumütigen Rückkehrgesuchs hat mich der Pfarrer der katholischen Kirche in Bad Cannstatt zu einem Beratungsgespräch vorgeladen. Da ich ihn von meiner Erstkommunion kenne, sehe ich dem Termin mit gemischten Gefühlen entgegen. Der Priester, ein älterer Herr mit vollem grauem Haar und strengem Blick, begrüßt mich mit einem sorgenvollen Kopfschütteln. Das Unverständnis über mein temporäres Abweichen vom rechten Weg steht ihm ins Gesicht geschrieben. Trotzdem bietet er mir eine Tasse Kaffee an, die ich dankbar annehme, um meinen nervösen Händen eine Beschäftigung zu verschaffen.

„Kindchen, was bewegt dich denn nun, wieder in die Kirche einzutreten?" Ich überlege. Aufgeregt drehe ich die leere Kaffeetasse in meiner Hand hin und her. Eine falsche Antwort könnte mir den Zutritt zum Paradies verwehren. Sicher ist der Wunsch, einen italienischen Katholiken zu ehelichen als Grund nicht ausreichend. Ich setze zu einer schuldbewussten Erklärung an, die ihn am Ende zufriedenstellt. Mit einem etwas weniger kummervollen Ausdruck im Gesicht entlässt mich der Pfarrer nach einer guten Stunde aus dem Gespräch.

Der Papst jubelt sicher, dass er ein abtrünniges Schäfchen wieder zu seiner Herde zählen darf.

Standesamtlich wollen wir Anfang Juli im kleinen Kreis im Rathaus von Bad Cannstatt heiraten. Die kirchliche Trauung soll Mitte Juli in Venedig stattfinden.

Es gibt so viel vorzubereiten! Ich weiß nicht, wer sich mehr freut, dass wir heiraten. Vincenzo und ich oder unsere beiden Mütter. Lucia hat ihre Tochter Claudia, die sehr gut Deutsch spricht, als Dauerdolmetscherin angeheuert. Zwischen meiner Mutter und Lucia herrscht nun ein reger Briefverkehr. Mama schreibt auf Deutsch, Claudia darf übersetzen, und wenn ein schwäbisches Wort dazwischen gerutscht ist, muss ich zur Hilfe eilen. Mir geht es hier auf der deutschen Seite auch nicht besser. Wenn ein Brief aus Italien kommt, werden meine Übersetzungskünste in Anspruch genommen. Jetzt wo der Hochzeitstermin feststeht, haben sich die beiden Mütter natürlich besonders viel zu sagen. Die Regie für die Essensversorgung für über hundert Gäste haben sie bereits an sich gerissen. So einem professionellen Catering-Service kann man nicht über den Weg trauen! Wer weiß, was die einem da servieren...

„Mama", versuche ich es diplomatisch, „wenn ihr das alles selber macht, steht ihr die ganze Zeit in der Küche und habt nichts von der Feier."
Mein Argument wird sofort vom Tisch gefegt:
„Do muss es doch was rechts zum Esse gebbe. Sonscht fahrt dein Vadder ned mit."
Eine Hochzeit ohne Papa? Undenkbar! Aber es ist nicht nur das. Ihr Stolz hätte nichts anderes zugelassen. Hier kann sie sich endlich einmal beweisen. Soll mir auch recht sein, es gibt noch genug andere Dinge, um die wir uns kümmern müssen.

Die kirchliche Trauung wird in der Kirche bei Claudias Haus stattfinden. Meine zukünftige Schwägerin, die den Pfarrer gut kennt, hat ihn überredet, einen abtrünnigen Italiener, der nach Deutschland ausgewandert ist, und eine Ausländerin zu trauen.

Beim Verschicken der Einladungen fällt mir ein, dass auch die Familie Lanteri aus Sizilien mit von der Partie sein soll.
„Ruft doch den Vermieter unseres Ferienhauses in Garda an", schlägt Andreas vor, „das ist sein Onkel, der muss die Adresse haben."
Stimmt! Daran hatte ich nicht mehr gedacht. Zwei Wochen nachdem wir die Einladung verschickt haben, kommt postwendend die Antwort aus Sizilien:
„Allora, natürlich kommen wir gerne!"

Ich hoffe sehr, dass Nonna, die mittlerweile mindestens siebenundsiebzig sein muss, mitkommt.

Als Andreas uns einen Besuch abstattet, wedle ich mit der Zusage der Lanteris vor seiner Nase herum:

„Bruderherz, ich habe hier einen Tischnachbarn für dich!", frotzele ich. Mein Bruder kontert sofort:

„Ich hab eine bessere Idee. Er kann neben unserem Vater sitzen. Die verstehen sich bestimmt prächtig."

Nun kommt Vincenzos Vater Antonio ins Spiel. Ein Zauberkünstler erster Klasse. Durch seine täglichen Kneipengänge mit ehemaligen Kollegen gehört er einem riesigen sozialen Netzwerk an, das sich aus pensionierten und noch berufstätigen Museumswärtern, Gondolieri, Besitzern von Souvenirgeschäften und Stadtführern zusammensetzt. Für die Hochzeit seines Nesthäkchens hat er nun tatsächlich eine ganze Flotte von Gondeln aufgetrieben, die uns von der Kirche durch die Wasserstraßen Venedigs zu dem Festsaal chauffieren soll. Der Sohn des Freundes eines ehemaligen Kollegen von Antonio ist dort Hausverwalter. Deshalb können wir die Räumlichkeiten zu einem günstigen Preis bekommen.

Einige Gäste werden aus Deutschland anreisen. Deshalb müssen wir eine ausreichende Anzahl von Unterkünften auftreiben, was Mitte Juli nicht ganz einfach ist. Trotzdem haben wir genügend Zusagen von Pensionsbesitzern, die auf die eine oder andere Art mit der „Stammtischmafia" meines zukünftigen Schwiegervaters verbandelt sind.

Obwohl die standesamtliche Trauung im kleinen Kreis geplant war, kommen eine Menge Leute zusammen. Wir stehen vor dem Saal, in dem die Trauung stattfinden soll. Es ist ein heißer, schwüler Sommertag. Schwere Gewitterwolken, die nichts Gutes verheißen, verhängen den Himmel. Ich trage ein schlichtes, aber elegantes, aprikosenfarbenes Sommerkleid. Vincenzo hat einen hellgrauen Anzug und ein weißes Hemd gewählt. Seine Krawatte hat denselben Farbton wie mein Kleid.

Mutter und Vater Castore sind extra aus Venedig eingeflogen, um dem Ereignis beizuwohnen. Mein Vater lässt keine Gelegenheit aus, um irgendwelche Anekdoten über seine Heimatstadt in die Runde zu werfen. Andreas zieht jedes Mal peinlich berührt den Kopf ein. Außer unseren beiden

Familien sind noch einige meiner Schulfreunde sowie unsere jeweiligen Arbeitskollegen erschienen. Sogar Vincenzos Bürogenosse, Rolf Eberle, ist gekommen. Der redselige Trossinger hält mein Herzblatt nach wie vor über alle Facetten seines Lebens auf dem Laufenden, auch wenn dieser noch immer nur die Hälfte davon verstehen kann. Das scheint den Berichterstatter allerdings nicht weiter zu stören. Auch der heutige Tag ist keine Ausnahme.

„Der Franz Müller aus dem Vertrieb, der musst a dreiviertel Stund lang vor der Kirche auf sei Braut warte, weil se im Stau stand. Der hat scho gedacht die kommt net. Beim Esse hat der Kellner Rotwein über des Hochzeitskleid g'leert und der Vadder vom Franz hat sich mit dene Trauzeuge g'stritte", plappert der gute Rolf eifrig und zupft dabei an Vincenzos Jacke, um sich die Aufmerksamkeit des Zuhörers zu sichern. Dieser wirft mir hin und wieder einen verzweifelten Blick zu.

Glücklicherweise schreitet die Standesbeamtin ein und bittet uns in den Saal. Als wir eintreten ist in der Ferne ein erstes Donnergrollen zu vernehmen. Ich bin nervös, während Vincenzo einen gelassenen Eindruck macht. Die Dame, die mit unserer Trauung beauftragt ist, begrüßt uns mit etwas behäbiger Stimme. Ihr schwäbischer Akzent ist nicht zu überhören. Ich horche interessiert auf, als sie sich als Frau Fabriani vorstellt. Vincenzo grinst und die beiden tauschen ein paar Sätze auf Italienisch aus.

„Na, Herr Castore, sind sie bereit?", scherzt sie.

„Ach, mal sehen, vielleicht überlege ich es mir noch", witzelt Vincenzo.

Ich werfe meinem künftigen Gatten einen bitterbösen Blick zu. Solche Anmerkungen kann mein Nervenkostüm am wichtigsten Tag meines Lebens nicht verkraften. Die Zeremonie selbst dauert nur wenige Minuten. Noch bevor ich es richtig begreifen kann, dass ich verheiratet bin, umringen uns schon die ersten Gratulanten. Meine Ruderkolleginnen stehen Spalier, als wir den Saal verlassen. Frau Fabriani verabschiedet sich mit einem Augenzwinkern.

„Da bin ich aber froh, dass du es dir nicht anders überlegt hast", flüstere ich Vincenzo zu.

Als Antwort legt er seinen Arm um meine Schulter und küsst mich. In diesem Moment erschüttert ein lauter Donnerschlag die Atmosphäre. Blitze durchzucken den wolkenverhangenen Himmel. Alle spurten fluchtartig zu den bereitstehenden Autos. Als ich die Beifahrertür hinter mir zuschlage, prasselt bereits sintflutartiger Regen auf das Autodach herunter.

„Glücklicherweise sitze ich diesmal in einem trockenen Auto anstatt in einer Nussschale auf dem Gardasee", seufze ich erleichtert.

Vincenzo wirft mir schmunzelnd einen Seitenblick zu.

Abreise nach Venedig

Wieder einmal fahre ich am Reihenhaus meiner Eltern vor, um ihnen beim Packen zu helfen. Mein Vater rauft sich gerade die Haare, während er stirnrunzelnd in seinen halb gefüllten Koffer blickt. Ich kann es mir nicht verkneifen.

„Na, Papa", stichele ich, „jetzt fährst du schon wieder zu dene Iddaliener. Nicht, dass das zur Gewohnheit wird, dass du dich ständig im Ausland rumtreibst."

Mit Sticheleien kann mein Vater nicht gut umgehen.

„I han jo koi Wahl", erwidert er empört, immer noch etwas angesäuert, dass er statt seines alljährlichen zweiwöchigen Sommerurlaubs am Bodensee nun schon wieder ins Ausland reisen muss.

Ich hege den Verdacht, dass er immer noch etwas beleidigt ist, weil die Hochzeit nicht in Stuttgart stattfindet.

„Mir hättet doch auch a Gardefeschd im Schrebergarde mache könne", war sein Argument, als wir ihm verkündeten, dass wir in Venedig heiraten wollen. Gartenfest in der Schrebergartenanlage in Bad Cannstatt oder Hochzeit mit Gondelfahrt durch Venedig? Welche der beiden Varianten ist wohl attraktiver?

Völlig entnervt beklagte ich mich später bei Vincenzo:

„Der hat doch an allem was auszusetzen!"

Dieser erträgt meinen Vater und seine Eskapaden nun seit zwei Jahren mit einer stoischen Ruhe, die ich zutiefst bewundere.

„Sei nachsichtig mit ihm", beschwichtigte mich mein Liebster daraufhin, „meine Eltern wären sicher auch enttäuscht, denn wir nicht in Venedig heiraten würden."

Also gut, beschloss ich, ich würde versuchen, mich mit meinem Vater in Geduld zu üben.

Diese wird allerdings bereits beim Kofferpacken auf die Probe gestellt.

„Papa, was soll das denn?", rufe ich entsetzt, als ich in seinen Koffer blickte. Zwei Dinge stören mich: Da ist ein Mal der schwarze Anzug, den er sich eigens für die Beerdigung meines Onkels Fred gekauft hat. Mein Vater beabsichtigt tatsächlich, mit einem Beerdigungsanzug zur Hochzeit seiner einzigen Tochter zu erscheinen. Ich bin beleidigt. Völlig entgeistert blickt er mich an:

„Ha, warum? Der isch doch no gut."

Einem alten Schwaben kann man vermutlich nicht erklären, dass ,noch gut' nicht unbedingt auch passend ist. Das zweite störende Objekt ist ein Akkubohrschrauber aus einem exklusiven Baufachgeschäft. Sicher muss hier ein Irrtum vorliegen. Schon bei der letzten Reise nach Italien habe ich ihm erklärt, dass es dort durchaus eine große Auswahl an Geschäften aller Art gibt.

„Ha, der isch für den Antonio. Des alte Ding, was der dahoim hat, daugt jo nix me", verteidigt sich mein Vater.

So ist das also. Nun wird mir die Prioritätenliste meines Erzeugers klar. Neuer Anzug für die Hochzeit der Tochter: nein; exklusiver Akkubohrschrauber für meinen künftigen Schwiegervater: ja.

Auch in dem Gepäck meiner Mutter finde ich ein Geschenk vor. Eine Spätzlepresse für Lucia. Vermutlich wird sie die erste Frau in Italien sein, die ein solches Haushaltsgerät besitzt.

Wieder gibt es Probleme beim Einchecken. Das Schweizer Taschenmesser ist zwar widerwillig im Koffer verstaut worden, aber dass die hausgemachte Johannisbeermarmelade für die Familie Castore nicht im Handgepäck bleiben darf, löst bei Papa totales Unverständnis aus.

„Ha, des isch doch zerbrechlich, des kann ich doch net in mein Koffer doa", empört sich der Verursacher des Konflikts.

Am Ende packe ich die Streitobjekte in meinen eigenen Koffer, da ich verhindern will, dass uns die Lufthansa ausgerechnet an diesem Tag im Schwabenländle sitzen lässt.

Meine Schwiegereltern Lucia und Antonio lassen es sich nicht nehmen, uns vom Flughafen abzuholen. Wir sind wieder bei Claudia und Lorenzo untergebracht. Dass wir unsere Hochzeitsnacht Tür an Tür mit meinen Eltern und weiteren Familienmitgliedern verbringen müssen, ist zwar nicht ganz so romantisch, aber am praktischsten. Als Entschädigung werden wir anschließend für zwei Tage nach San Vigilio an den Gardasee verschwinden und in dem kleinen Hotel übernachten. Gerne hätten wir die Hochzeit dort gefeiert. Leider ist die Lokalität einem Ansturm von über hundert Gästen nicht gewachsen.

Meine zunehmende Nervosität veranlasste mich in den letzten Tagen, eine ganze Flasche Bachblüten Notfalltropfen zu verbrauchen. Zum Glück bin ich mit ausreichend Nachschub ausgerüstet.
Einige der deutschen Gäste sind schon vor dem großen Ereignis angereist, um ein paar Urlaubstage in Venedig zu verbringen. So auch meine Tante Erna. Allerdings hat meine Mutter ihre Schwester zur Zwangsarbeit in der Vorbereitungsküche verdonnert.
„Die muss mir beim Kuche bagge helfe, sonscht werded mir net fertig."
Tante Erna hätte sich zwar vermutlich lieber die Stadt angeschaut, aber gegen dieses Argument kommt sie nicht an.

Die übrigen Gäste aus Deutschland lassen sich nicht davon abhalten, Venedig zu erkunden. Nun ist das organisatorische Geschick meines Schwiegervaters gefordert. Die „Stammtischmafia", der im Übrigen nun auch mein Vater angehört, hat nicht nur eine Gondelflotte für unsere Hochzeit, sondern auch mehrere deutschsprachige Stadtrundgänge und sonstige Besichtigungstouren für die Gäste aus Germania organisiert.
„Mensch, ist das super!", schwärmt meine Schulfreundin Petra, „schade, dass Vincenzo keinen Bruder hat, der noch Single ist."
Was sind das für Töne von Petra, die im vorherigen Frühjahr für mehrere Wochen den Kontakt mit mir abgebrochen hat?
„Es mag zwar sein, dass du deinen Schatz schrecklich vermisst, aber ich brauche jetzt mal eine Vincenzo-freie Zeit!", waren ihre Worte.
In meinen allabendlichen Anrufen schilderte ich ihr im Detail, wie wunderbar mein Angebeteter aussah oder was er gesagt und getan hatte. Immer wieder warf ich Sätze wie „ach, ich vermisse ihn so" oder „ich kann es gar nicht abwarten, ihn wiederzusehen" in das Gespräch ein. Vielleicht war das etwas übertrieben, aber deshalb musste sie doch nicht gleich den Kontakt abbrechen. Egal, wir haben uns wieder versöhnt. Obwohl ich es schon etwas peinlich fand, als sie sich im folgenden Sommer persönlich bei Vincenzo bedankte, dass dieser sie durch seinen Umzug zu mir nach Deutschland endlich von ihren Qualen erlöste.
„Gern geschehen", hatte er nur gelacht.

Tante Erna, die wie eine Sklavin mit Lucia und meiner Mutter in der Küche schuften muss, schaut den anderen sehnsüchtig nach, wenn sie zu ihren Besichtigungstouren aufbrechen.

„Also Mama, jetzt reicht es aber", ermahne ich meine Mutter eines Abends, „jetzt lass die arme Erna auch mal was unternehmen."

Wir haben auch bereits eine Idee. Wieder muss die „Stammtischmafia" helfen. Papa Antonio organisiert eine Gondelfahrt für meine Tante Erna. Mit deutschsprachiger Begleitung wird sie zwei Stunden lang durch die Wasserwege Venedigs gesteuert. Darauf folgt ein exklusiver Besuch der Markuskirche mit persönlicher Führung. Tante Erna ist wieder versöhnt.

Schwäbisch-italienische Hochzeit in Venedig

Endlich ist der große Tag gekommen. Nachdem ich eine weitere Überdosis Bachblüten Notfalltropfen zu mir genommen habe, machen wir uns auf den Weg zur Kirche. Da sich diese in unmittelbarer Nähe von Claudias und Lorenzos Haus befindet, gehen wir zu Fuß. Unsere kleine Prozession erregt in der Nachbarschaft etwas Aufsehen. Zahlreiche Augenpaare beobachten uns, während wir den schmalen Kanal entlang zur Chiesa di San Samuele schreiten. Den Gottesdienst und die Trauung erlebe ich in einer Art Trance. Glücklicherweise schaffe ich es trotzdem, an der richtigen Stelle „Ja, ich will" zu sagen. Erst als Vincenzo mich küsst, bemerke ich, dass die Trauungszeremonie nun wohl abgeschlossen ist.

Auf dem kurzen Weg von der Kirche zum Bootssteg, der mit roten Rosenblättern gesäumt ist, habe ich so weiche Knie, dass ich froh bin, mich bald setzen zu dürfen.

Über das Hochzeitskleid hat es lange Diskussionen gegeben. Nun trage ich ein langes, weißes, schulterfreies, schlichtes Kleid. Als Kopfschmuck für meine schulterlangen, dunkelblonden Haare habe ich eine Art Blumenkranz gewählt. Das hat auch Vincenzo gefallen. Ausladende Tüllschleier und Schleppen mögen wir beide nicht.

Vincenzos Nichte Alessandra durfte die Rolle der Brautjungfer übernehmen. Aufgeregt hüpft sie in ihrem weißen Rüschenkleidchen vor uns her und verstreut noch mehr Blütenblätter.

Als wir zum Bootssteg kommen, verschlägt es mir fast den Atem. Sogar mein Bräutigam, der wesentlich entspannter ist als ich, muss ein paar Mal schlucken. Respekt. Die „Stammtischmafia" hat ganze Arbeit geleistet: In dem Kanal vor uns liegt eine Flotte von dreißig Gondeln, schwarz mit weißen Sitzen, mit Blumen und weißen Seidenschleifen dekoriert. Nur unsere Gondel, die am ersten Bootssteg angelegt hat, ist ganz weiß. Vorne prangt ein großes Blumengesteck. Sogar die Gondolieri tragen weiße Schleifen an ihren Hüten. Ich bin froh, dass ich in weiser Voraussicht auf Mascara verzichtet habe. Denn nun schwindet meine Selbstbeherrschung, die ich bisher noch krampfhaft aufrechterhalten habe. Vincenzo lotst mich ins Boot, bevor ich in Tränen ausbreche. Die Künstler, die dieses Werk vollbracht haben, stehen mit ihren Familien auf beiden Seiten des Kanals, um uns zuzuwinken. Mein Ehegatte, der meine emotionalen Ausbrüche kennt, hat glücklicherweise genügend Papiertaschentücher eingesteckt.

Nach und nach legen die Gondeln ab. Der Weg führt zunächst durch mehrere schmale Wasserwege, dann entlang des Canale Grande unter der Rialto-Brücke durch. Zuletzt biegen wir wieder in einen kleineren Kanal ab, um dann in der Nähe des Festsaals anzulegen. Die Fahrt dauert ungefähr eine dreiviertel Stunde. Mit kurzen Unterbrechungen weine ich fast die ganze Zeit. Unsere Flotte löst einigen Trubel aus. Fremde Menschen drängen sich auf den kleinen und größeren Brücken Venedigs, um uns zuzuwinken. Bekannte der Familie Castore haben sich auf der Route verteilt. Immer wieder regnet es Blütenblätter. Ich bin überwältigt.

„Das ist noch besser als San Vigilio, oder?", flüstert mir mein Angetrauter ins Ohr.

Ich nickte nur, da mir schon wieder die Tränen in den Augen stehen.

„Ich kann gar nicht glauben, dass das alles hier für uns ist", bringe ich nur mühsam hervor.

Die Einzige, die noch mehr weint als ich, ist meine Mutter. „Isch des schee", schluchzt sie immer wieder in ihr Taschentuch.

„Aber so a Gardefescht wär au schee gewäse", kommentiert mein Vater trotzig. Seine Stimme klingt trotzdem etwas belegt und er hat eine kleine Träne im Auge.

Meine Tante Erna ist vollkommen aus dem Häuschen. Stolz wie ein Filmstar sitzt sie in ihrer Gondel und winkt den Fremden zu, die uns da staunend nachsehen. Man hätte glauben können, es wäre ihre eigene Hochzeit. Die Lanteris sind tatsächlich extra aus Sizilien angereist. Alle sind mitgekommen: Mutter und Vater Lanteri, die drei Söhne und Nonna. Letztere übertrifft sogar noch meine Tante Erna. Sie hat sich ihre Sonntagstracht mit Hut und allem, was dazugehört, angelegt. Wie eine Diva sitzt sie aufrecht in der Gondel. Mit beiden Armen winkt sie den Menschen zu und zeigt dabei ihr zahnloses Lächeln.

An der Anlegestelle bei dem Festsaal säumen weitere rote und rosa Blütenblätter den Weg. Alessandra hüpft als Erste aus der Gondel und tänzelt vor uns her zur Eingangstür der Festhalle. Als wir dort ankommen, werden meine Mutter und meine Schwiegermutter plötzlich ganz geschäftig. Nun ist ihr Part gekommen: das Verpflegungsmanagement. Während die Gäste sich an die Tische verteilen, hastet meine Mutter um das Kuchenbuffet herum. Sie prüft, ob die extra angeheuerten Kellner auch bestimmt nichts verpfuscht haben. Erst als sie feststellt, dass alles zu ihrer Zufriedenheit ist, lässt sie sich neben meinem Vater am Tisch nieder. Vincenzos Schwester Claudia, die mir gegenübersitzt, neigt sich zu mir herüber:

„Mama hat bei allen Verwandten und Freunden Kuchenplatten, Backbleche und Backformen beschlagnahmt, um diese vielen Kuchen backen zu können."

Mit etwas schlechtem Gewissen antworte ich:

„Ich wollte ihnen das ausreden, aber die sind so stur."

„Keine Chance", lacht Claudia, „bei meiner Hochzeit war das ähnlich, nur dass meine Schwiegermutter nicht so gut Kuchen backen kann wie deine Mutter." Sie zwinkert mir zu.

Die Feier ist wunderschön. Wir haben die Sitzordnung so gestaltet, dass deutsche und italienische Gäste gemischt sitzen. Das funktioniert auch sehr gut. Ein paar deutsche Freunde haben ein kleines Theaterstück vorbereitet, in dem sie nachspielen, wie ich Vincenzo kennengelernt habe. Erneut muss ich die erniedrigende Demonstration meiner wenig ausgeprägten Surfkünste über mich ergehen lassen. Andreas und Vincenzo kringeln sich vor Lachen, während ich versuche, mir nicht anmerken zu lassen, wie peinlich mir das Ganze ist.

Das Kuchenbuffet ist geplündert. Nun folgt der Hauptauftritt unserer Mütter. Schon vor einer Weile sind sie in der Küche verschwunden, um die Kellner und Küchenhelfer zu drangsalieren. Verschiedene schwäbische und italienische Gerichte werden aufgefahren und auf dem riesigen Buffet verteilt. Mein Vater atmet erleichtert auf, als er dort Lebensmittel erblickt, die er wiedererkennt. Ich bin verblüfft, was die drei Frauen alles zustande gebracht haben. In der Mitte des Buffets prangt eine Riesenschüssel Kartoffelsalat und eine weitere mit schwäbischen Spätzle, handgemacht in schwäbisch-italienischer Kooperation von Mama Erika und Mama Lucia. Als das Buffet eröffnet wird, stürzt sich mein Vater sofort wie ein Ertrinkender auf die schwäbischen Gerichte.

Neugierig probieren auch die italienischen Gäste die schwäbischen Spezialitäten. Sie scheinen gut anzukommen, denn am Ende bleibt nichts mehr übrig.

Zielstrebig steuert Lucia mit einem Teller Risotto mit Meeresfrüchten auf meinen Vater zu. Während sie ihm den Teller hinstreckt, erklärt sie stolz: „Hab ich gemacht, mal probieren!"

Als eingefleischter Schwabe ernährt mein alter Herr sich von Kartoffeln und Spätzle. Risotto. Was soll das denn sein? Und dann auch noch diese komischen Teile dazwischen, die weder wie Fleisch noch wie Gemüse aussehen. Da hat er schon auf seinen alljährlichen Sommerurlaub am Bodensee verzichten müssen, und nun soll er sich auch noch auf ein kulinarisches Abenteuer einlassen. Zwickmühle. Er mag die Eltern meines Angetrauten sehr gerne. Daher will er sie nicht beleidigen. Zögernd nimmt er den Teller entgegen, als ob Lucia ihm eine Portion Spülwasser angeboten hätte. Sie hingegen sieht ihn erwartungsvoll an.

„Jetzt bloß keine falsche Antwort, Papa", bete ich inständig. Vielleicht hat meine Rückkehr in die katholische Kirche doch einen Sinn gehabt. „Lieber Gott, wenn du diesen Kelch an mir vorüberziehen lässt, trete ich nie mehr aus, ich schwör's", bete ich weiter.

Papa hat inzwischen eine Gabel Risotto zum Mund geführt. Nachdenklich kaut er darauf herum. Schließlich zeigt sich ein Lächeln auf seinem Gesicht. Er streckt den rechten Daumen nach oben:

„Des schmeckt so gut wie der Kardoffelsalat von meiner Frau."

Meine Schwiegermutter hat zwar nicht den gesamten Wortlaut verstanden, aber Zeichensprache ist ausreichend. Sie strahlt über das ganze Gesicht. Ich atme erleichtert auf.

„Danke, Papa", murmele ich.

Es scheint ihm tatsächlich zu schmecken. Auf jeden Fall isst er den ganzen Teller leer.

Nachdem wir uns alle satt gegessen haben, nimmt Vincenzo meine Hand und zieht mich vom Stuhl hoch.

„Komm, wir tanzen eine Runde."

Zum Takt des langsamen Walzers schweben wir über das Parkett. Alsbald folgen auch die anderen Gäste. Vincenzos Schulfreund Gregorio hat die Musikgestaltung übernommen. Endlich kann er seine umfangreiche CD-Sammlung zum Einsatz bringen.

Nach ein paar beschwingten Tanzrunden brauche ich eine Pause. Ich lasse mich auf einen Stuhl fallen, um kurz die Beine hochzulegen. Währenddessen nimmt Vincenzo meine Mutter beim Arm und führt sie auf die Tanzfläche. Mein Vater, der totale Anti-Tänzer, der praktisch an seinem Stuhl festgewachsen ist, hebt aufmerksam den Kopf. Da ist tatsächlich ein Widersacher im Anmarsch, der seine Erika zum Tanzen aufgefordert hat. Eifersüchtig beobachtet er, wie meine Mutter in den Armen des neuen Schwiegersohns über die Tanzfläche schwebt. Mama, die vor Stolz einige Zentimeter gewachsen ist, genießt ihren Auftritt mit diesem gutaussehenden Mann sichtlich. Mein alter Herr sitzt auf seinem Stuhl und schmollt. Was nun? Da besteht Handlungsbedarf. Wieder einmal steht seine Ehre auf dem Spiel. Und wie beim letzten Mal ist es Vincenzo, der ihn herausgefordert hat.

Das Lied geht zu Ende und mein Liebster führt seine Schwiegermutter zu ihrem Platz zurück. Meine Mutter grinst vor sich hin, als ob sie einen Joint geraucht hätte. Vincenzo lässt sich auf den Stuhl neben mir fallen. Während er mir den Arm um die Schulter legt, stöhnt er:

„Jetzt brauche ich auch eine Pause!"

„Ich glaube, du hast gerade den Kampfgeist meines Vaters geweckt", bemerke ich und schaue gespannt zu meinen Eltern hinüber.

„Ach ja?", Vincenzo zieht die Augenbrauen nach oben.

„Solle mir au mol danze?", fragt mein Vater seine Angetraute. Vermutlich hat er zum letzten Mal vor über dreißig Jahren auf seiner eigenen Hochzeit das Tanzbein geschwungen. Nun runzelt meine Mutter die Stirn.

„Was isch jetzt mir dir los?", will sie wissen, „bisch eifersüchtig?"

„Wie komsch denn do druff?", fragt mein Vater indigniert. Mit Widerstand hat er nicht gerechnet. Seine Gattin will ihn nach über dreißig tanzlosen Jahren nicht einfach so davonkommen lassen.

„Ha, weil i jetzt grad mit dem Vincenzo tanzd hab", tut sie das Offensichtliche kund. Interessiert beobachten wir dieses Schauspiel.

„Ich scheine diese Wirkung auf die Männer in deiner Familie zu haben", flüstert Vincenzo nun, „Andreas war am Anfang auch etwas komisch."

Was kann ich dazu sagen? Etwas komisch ist eine glatte Untertreibung. Damals am Gardasee hat er sich wie ein Platzhirsch verhalten, der sein Revier verteidigen will. Aber glücklicherweise ist das Vergangenheit.

Am Ende erbarmt sich meine Mutter. Mit unsicheren Schritten führt ihr Mann sie auf die Tanzfläche. Während er sich langsam nach langer Abstinenz wieder für das Tanzen erwärmt, nuschelt er seiner Angetrauten etwas verhalten zu: „Des Esse war klasse heid. Des hen ihr echt guad gmacht." Mama errötet vor Stolz. Ist mein alter Herr tatsächlich lernfähig?

Auch Tante Erna ist die Tanzszene meiner Eltern nicht entgangen. Neugierig mustert sie meinen Vater mit durchdringendem Blick. Als meine Eltern wieder zu ihrem Tisch zurückkehren, platzt sie heraus:

„Mensch, Heinz, isch des ned der Ozug vom Fred seiner Beerdigung?"

Tante Erna ist übrigens mit Onkel Fred verheiratet gewesen. Kalt erwischt. Falls mein Vater die Hoffnung gehegt hat, es würde keiner merken, so ist diese gerade eben geplatzt. Meiner Mutter ist das sichtlich peinlich. Papa nicht.

„I wois net, was du hasch. Der Ozug isch doch no gut."

Habe ich das nicht schon einmal gehört? Die Schwester meiner Mutter kennt kein Erbarmen:

„Du bisch en alde Geizkrage. Net mol für die Hochzeit von deiner Dochder kosch dir en neie Ozug kaufe", wäscht sie ihm den Kopf. Erna war schon immer meine Lieblingstante.

Besonders fasziniert bin ich von der Begegnung zwischen meinem Vater und Paolo Lanteri Senior. Obwohl er einige Jahre jünger ist als Papa, ist es doch so etwas wie Liebe auf den ersten Blick. Ich habe es noch nie erlebt, dass er sich auf Anhieb so gut mit jemandem verstanden hat. Andreas, der eigentlich lieber mit Kathy getanzt hätte, stellt die Familie Lanteri meinen Eltern vor. Die Tatsache, dass Paolo Senior einmal in Stuttgart gelebt und gearbeitet hat, macht ihn sofort zu einem Verbündeten. Paolo lobt die deutsche Gründlichkeit, was Wasser auf den Mühlen meines alten Herrn ist. Als sich dann noch herausstellt, dass sich der neue Bekannte für seinen Schrebergarten interessiert und ebenfalls Stammkunde beim Baumarkt Hornbach war, gibt es kein Halten mehr. Papa Antonio gesellt sich dazu, bringt seine Freude über den neuen Akkubohrschrauber zum Ausdruck und zeigt sich ebenfalls beeindruckt von der deutschen Qualität. Da haben sich die Richtigen gefunden!

Zu fortgeschrittener Stunde schenken Petra und ich uns gerade ein weiteres Glas Prosecco ein, als unser DJ ‚Parla con me' von Eros Ramazzotti auflegt. Verschwörerisch stupst mich meine Freundin an. Offenbar glaubt sie, dass nun unsere Sternstunde gekommen ist, um unseren ersten Auftritt mit Eros zu wagen. Zwar ist er nicht persönlich anwesend, aber er kann uns im Hintergrund aus dem Lautsprecher begleiten. Ermutigt durch den Konsum mehrerer Gläser Rotwein und Prosecco, wagen wir uns kichernd auf die Tanzfläche. Lauthals stimmen wir in den Gesang mit ein, was uns sofort die Aufmerksamkeit der gesamten Hochzeitsgesellschaft beschert. Erstaunlicherweise können wir uns tatsächlich an den Liedtext erinnern, auch wenn die Tonlage vielleicht nicht immer ganz passend ist. Nun soll die Welt von unserem bisher verborgen gebliebenen Gesangtalent erfahren. Die deutschen Gäste sind – nun ja – überrascht. Die Italiener sind begeistert und klatschen fleißig mit. Das Lied geht zu Ende und alle rufen ‚Zugabe', sodass Gregorio sich genötigt fühlt, ein weiteres Musikstück von Eros aufzulegen. Jetzt gibt es kein Zurück mehr. Als schließlich noch Vincenzo und sein Schwager Lorenzo mit einstimmen, brodelt der Saal. Nun wissen wir es. Der persönliche Gesangsunterricht auf der Rückfahrt von Venedig nach Stuttgart war nicht umsonst. Erst als wir fast heiser sind, erbarmt sich unser DJ und legt andere Musik auf. Hocherhobenen Hauptes stolzieren Petra und ich von der Tanzfläche, gefolgt von Vincenzo und Lorenzo.
Gregorio ist von Petras Gesangseinlage so begeistert, dass Lorenzo vorübergehend das Amt des DJs übernimmt, damit dieser ein paar Runden mit Petra tanzen kann.

Allerdings, als wir einige Wochen später zu dritt das Hochzeitsvideo anschauen, beschließen Petra und ich, unsere Pläne für eine Gesangskarriere aufzugeben, haben wir doch meist um einige Töne danebengelegen. Mein Mann ist nicht dieser Meinung. Im Gegenteil, er erwägt sogar, Eros einen Ausschnitt unseres Hochzeitsvideos als Hörprobe zu senden. „Wenn du das machst", drohe ich, „reiche ich sofort die Scheidung ein!"
„Na gut", lenkt er ein, so wichtig sei es dann doch nicht.

Der Abend der Hochzeitsfeier vergeht wie im Flug. Alle scheinen sich gut zu amüsieren. Ich sehe mich um. Menschen verschiedenster Nationalitäten versuchen, sich mit einer Mischung aus Deutsch, Italienisch und Englisch zu verständigen. Sie lachen und tanzen miteinander oder erzählten von den verschiedenen Eigenheiten ihrer Länder. Paolo Junior, mittlerweile siebzehn Jahre alt, hat tatsächlich meine Freundin Petra zum Tanzen aufgefordert. Sie ist sichtlich geschmeichelt.

Ist es nicht genau diese Mischung, die Europa ausmacht?

Nach dem Mitternachtsimbiss stupst mein Gatte mich an:

„Also mir reicht es jetzt, was meinst du? Sollen wir verschwinden?"

„Meinst du, damit wir noch was von unserer Hochzeitsnacht haben, bevor die anderen alle heimkommen?", grinse ich.

„So hatte ich das noch gar nicht betrachtet" überlegt er, „aber du hast recht. Gehen wir."

Wir verlassen das rauschende Fest. Sollen die anderen doch weiterfeiern. Wir wollen jetzt endlich einmal alleine sein.

Mini-Hochzeitsreise nach San Vigilio

Am nächsten Morgen erwache ich in den Armen von Vincenzo. Er drückt mich an sich und flüstert mir zärtlich ins Ohr:
„Na, wie fühlt es sich an, verheiratet zu sein?",
als von nebenan die laute Stimme meines Vaters ertönt:
„Mensch Erika, mir tun meine Füß' weh von dere Danzerei geschtern Abend."
Mein Vater hat genau drei Lieder lang durchgehalten.
„Dann musch halt mol übe, dann kannsch au so gut danze wie der Vincenzo."
Zu gut kann ich mir das angesäuerte Gesicht meines alten Herrn vorstellen. Wir prusten beide los, bis uns die Tränen kommen. Vincenzo lässt sich lachend in sein Kissen zurückfallen:
„Vergiss es, ich frage dich später nochmals."
„Komm, wir ziehen uns an. Nichts wie weg hier", erwidere ich, als der Lachkrampf nachgelassen hat.
An dem Familienfrühstück auf der Dachterrasse kommen wir dann doch nicht vorbei.
„Woisch, was dein Vadder vorgschlage hat?", eröffnet mir meine Mutter, „mir könnded doch nächschtes Jahr mol nach Sizilien in Urlaub fahre."
Mir fallen fast die Augen aus dem Kopf. Allerdings weiß ich sofort, woher der Wind weht.
„Stell dir des mol vor!", ereifert sie sich, „dreißig Jahr lang sag i dem, i will mol noch Venedig, aber der wollt net zu denne Iddaliener fahre. Un jetzt fällt's dem ein, dass der noch Sizilien will."
Ich kann die Aufregung meiner Mutter gut verstehen, kann doch mein Vater der Sturste aller Böcke sein. Noch erstaunter bin ich allerdings über die Sinneswandlung meines alten Herrn.

Vincenzo und ich verabschieden uns, um für zwei Tage nach San Vigilio zu verschwinden. Nach dem Trubel der letzten Wochen freue ich mich auf etwas Ruhe und Zweisamkeit. Unsere richtige Hochzeitsreise soll dann im September folgen. Drei Wochen Großbritannien. Zugegeben, das ist als

Ziel etwas ungewöhnlich und auch nicht sonderlich exotisch. Andreas, der nach jahrelanger Abstinenz nun dem Fremdsprachenrausch verfallen ist, hat sich eine Stelle in London gesucht. Er ist zu Kathy gezogen, die nach Beendigung ihres Austauschjahres in Heidelberg, dorthin zurückkehren musste. Auch ich habe über zwei Jahre im selbst erwählten britischen Exil gelebt. Gerne will ich Vincenzo zeigen, wo ich so viel Zeit verbracht habe. Außerdem nutzen wir die Gelegenheit, meinem Bruder einen Besuch abzustatten.

Jetzt sind wir auf dem Weg an den Gardasee, wo wir schon viele schöne Stunden verbracht haben. Carlo, der älteste Bruder meines Angetrauten, hat uns sein Cabrio ausgeliehen, mit dem wir nun auf der A4 in Richtung Garda brausen. Der Fahrtwind weht durch meine Haare. Ich lege den Kopf zurück und schließe genüsslich die Augen.

„Also die Lanteris sind ja eine Nummer. Das muss ich schon sagen", bemerkt mein Gatte, „wenn Andreas gedacht hat, dass alle Italiener so sind, verstehe ich, warum er am Anfang etwas komisch war."

Ich lache, als ich mich an Andreas' verzweifelte Fluchtversuche erinnere.

„Ich bin gespannt, ob meine Eltern tatsächlich nach Sizilien fahren."

Auf der Gardesana herrscht, wie immer im Sommer, reger Verkehr. Wir haben Garda hinter uns gelassen und Vincenzo lenkt das Cabrio auf den Parkplatz vor der Einfahrt nach San Vigilio. Vor der Zypressenallee hält er an: „Da sind wir."

Wir schauen uns an. Vermutlich denkt er ebenfalls an jenen letzten gemeinsamen Urlaubstag in Garda vor über zwei Jahren, den wir hier verbracht haben. Das kleine Hotel hat nur sieben Zimmer, von denen jedes individuell mit exklusiven Möbeln eingerichtet ist. Unser Zimmer ist mit Parkett und dunkler Holzdecke ausgestattet. Sogar einen offenen Kamin gibt es, den wir aber glücklicherweise nicht in Betrieb nehmen müssen. Durch die schweren himmelblauen Samtvorhänge können wir direkt auf den See hinausschauen. Auch der wuchtige Mahagonischrank passt perfekt zum Ambiente. Die edle Herberge liegt direkt am Wasser. Wenn es still ist, kann man die Wellen gegen die Hauswand plätschern hören. Wir lassen uns auf das Himmelbett fallen und lauschen eine Weile dem Plätschern des Wassers. Vincenzo küsst mich leidenschaftlich.

„Ich hoffe, dass wir noch lange so glücklich bleiben", flüstert er mir ins Ohr.

„Um deine Frage von heute Morgen zu beantworten", erwidere ich, „es fühlt sich toll an, mit dir verheiratet zu sein."

Die zwei Tage vergehen wie im Flug. Anschließend müssen wir zurück nach Stuttgart. Zurück zur Arbeit. Alltag. Aber nur für ein paar Wochen.

Ein Italiener in Großbritannien

Anfang September brechen wir zu unserer Hochzeitsreise ins Vereinigte Königreich auf. Die ersten Tage verbringen wir bei Andreas und Kathy in Golders Green im Londoner Norden. Dies ist Vincenzos erster Besuch in Großbritannien. Mehrmals muss ich als Lebensretterin einschreiten, da er stets beim Überqueren der Straße in die falsche Richtung schaut. „Caspita", flucht er, „können die hier nicht auf der richtigen Seite fahren, wie alle anderen Europäer auch?"
Ich kläre ihn auf, dass sich die Briten nicht zu den restlichen Europäern zählen. Europa, so erläutere ich, ist aus britischer Sicht dieser Kontinent auf der anderen Seite des Ärmelkanals. Das kann er zwar nicht nachvollziehen, aber sonst gefällt ihm London sehr gut. Er ist lediglich überrascht, dass es dort so viele Italiener gibt. Besonders gut kommt der lange Spaziergang entlang der Themse an. Wir starten beim Tower of London, überqueren die Tower Bridge und wandern dann am Südufer der Themse entlang bis zu den Houses of Parliament. Mir gefällt es, Vincenzo die Orte zeigen zu können, die ich hier kennen und lieben gelernt habe.
Nach vier Tagen verabschieden wir uns von meinem Bruder und seiner Freundin, um nach Schottland weiterzureisen. Da Vincenzo sich weigert, auf der falschen Seite der Straße Auto zu fahren und ich nicht die ganze Strecke alleine fahren will, einigen wir uns darauf, die Bahn zu nehmen. Leider vergaß ich zu erwähnen, dass British Rail zur Unpünktlichkeit neigt. Ich hoffe, dass ihn das nicht weiter stören wird, da italienische Züge ebenfalls oft verspätet sind. Da habe ich mich allerdings verkalkuliert, weil er jetzt an Stuttgarter Straßen- und S-Bahnen gewöhnt ist, die punktgenau abfahren.
„Wie viele Stunden sollen wir eigentlich mit Herumsitzen auf Bahnhöfen verbringen?", klagt er, „was die Deutschen können, müssten die Briten doch eigentlich auch schaffen."
Das, erläutere ich, ist nicht ganz so einfach. Das britische Schienennetz ist stark von den Jahreszeiten gebeutelt. Im Winter frieren die Schienen ein, sodass die Züge sich nur langsam vorwärts bewegen können. Im Sommer hingegen schmelzen die Gleise aufgrund der Hitze, was wiederum zu Ver-

zögerungen im Verkehr führt. Im Herbst fallen Blätter auf die Gleise, sodass diese rutschig werden. Deshalb müssen die Lokführer Vorsicht walten lassen und langsamer fahren. Wenn es regnet, was in Großbritannien so selten vorkommt, dass man sich dort bisher nicht darauf einstellen konnte, werden die Gleise glitschig, sodass die Züge ihre Geschwindigkeit drosseln müssen. Deshalb, erkläre ich Vincenzo augenzwinkernd, können britische Züge niemals pünktlich abfahren.

„Warum hast du das nicht vorher gesagt?", will er wissen, „dann wären wir doch mit dem Auto gefahren."

Manchen Männern kann man es einfach nicht recht machen.

Irgendwann treffen wir dann doch noch in Edinburgh ein. Nachdem er den Passanten im Bahnhof aufmerksam gelauscht hat, fragt mich mein Gatte: „Welche Sprache sprechen die hier?"

Ich blicke ihn erstaunt an:

„Wir sind in Großbritannien, mein Schatz. Dreimal darfst du raten."

Das solle doch wohl kein Englisch sein, bekomme ich zu hören. Diese Sprache sei ihm völlig fremd. Zugegeben. So ganz einfach sind die Schotten nicht zu verstehen. In dieser Hinsicht haben sie einiges mit den Schwaben gemeinsam.

Nach ein paar Tagen in dem schönen Edinburgh, fahren wir weiter in die westlichen Highlands, wo wir einige Wandertouren unternehmen. Vincenzo ist begeistert von der Landschaft, die so ganz anders ist als das, was er aus Südeuropa kennt. Die Reise endet mit einem mehrtägigen Aufenthalt im Lake District, wo wir uns mit Kathy und Andreas zum Surfen treffen. Mein Bruder hat mit der Hälfte seines damaligen Reiseberichts tatsächlich recht behalten: Das Wasser ist fürchterlich kalt. Daher hält sich meine Begeisterung für das Surfen in Grenzen.

Mit vielen Eindrücken kehren wir nach Stuttgart zurück.

Neue Entwicklungen

Die Mailbox meines Handys hält eine neue Nachricht für mich bereit:
„Ciao Amore, tut mir leid. Es wird heute später. Warte nicht mit dem Abendessen auf mich."
Von diesen Botschaften besitze ich eine ganze Sammlung. Der Alltag hat uns fest im Griff. Der Termindruck nimmt ständig zu. Es zeichnet sich ab, dass Vincenzos Job immer mehr zur Tortur wird. Die Überstunden häufen sich, er kommt oft spät nach Hause und die Hausarbeit, die wir anfangs zusammen erledigt haben, bleibt immer mehr an mir hängen. Er schläft schlecht und hat manchmal dunkle Ringe unter den Augen. Sein sympathisches Lächeln zeigt sich immer seltener. Das ist nicht mehr der Vincenzo, in den ich mich einmal verliebt habe. Die Melancholie, die ich bei unserem Kennenlernen verspürte, ist nach langer Abwesenheit wieder da. Sogar meiner Mutter fällt es auf.
„Was isch denn mit dem Vincenzo los?", fragt sie mich eines Tages, als ich bei ihr vorbei schaue, „der sieht gar net gut aus."
Was soll ich dazu sagen? Mein Job ist auch nicht gerade stressfrei.
Immer öfter streiten wir über irgendwelche Kleinigkeiten, die uns vorher nie gestört haben. Warum hat er den Mülleimer nicht ausgeleert? Warum habe ich vergessen, das Auto in die Waschanlage zu fahren?

Irgendwann ist es soweit.
„Am Wochenende fahre ich nach Überlingen runter zum Surfen. Allein. Ich muss mal wieder einen klaren Kopf bekommen", eröffnet er mir eines Tages. Ich horche auf. Meine Alarmglocken schrillen. Vor meinem inneren Auge steigt ein Bild von Jonas auf, wie er damals unverbindlich herumgedruckst hat: „Melanie, zwischen uns ist es nicht mehr so wie früher, ich brauche mal etwas Abstand." Einen klaren Kopf kriegen, dass ich nicht lache. Da ist doch bestimmt eine andere Frau im Spiel. Ich bin gekränkt. Es nützt nichts. Am Freitagabend will er abfahren.

Verzweifelt rufe ich meinen Bruder Andreas an.
„Vincenzo will allein an den Bodensee fahren zum Surfen. Ihr surft doch

manchmal zusammen. Kannst du nicht mitfahren oder mal vorbeischau-
en?", schlage ich vor.
Der normalerweise seelenruhige, gutmütige Andreas brüllt ins Telefon:
„Ich glaub, du spinnst! Ich fahre doch nicht an den Bodensee, um deinem
Mann nachzuspionieren!"
„Doch nicht nachspionieren", rechtfertige ich mich, „nur mal ein bisschen
schauen, was er so macht."
Andreas ist außer sich. Auf keinen Fall wird er einen solchen Blödsinn un-
terstützen, außerdem könne man von England aus nicht mal kurz in Über-
lingen vorbeischauen.

Ich bin in echter Panik. Ist das bereits das Ende meiner Ehe? Ich will nicht
kampflos aufgeben.

Wen kann ich noch um Hilfe bitten? Ich fahre zu meinen Eltern, um mich
bei meiner Mutter auszuweinen:
„Vincenzo ist ohne mich an den Bodensee gefahren", jammere ich. Meine
Mutter, die Verräterin, ergreift sofort Partei für meinen Gatten.
„Der hat net gut ausgsehe in ledschder Zeit. Vielleicht muss der sich mol a
bißle erhole."
Und ich brauche keine Erholung oder was?
„Aber das hätte er auch mit mir gekonnt", beschwere ich mich weiter.
„Jetzt lass den halt mol. Der kommt schon wieder", beschwichtigt mich
meine Mutter. Da lugt mein Vater hinter seiner Zeitung hervor:
„Der will halt mol sei Ruh han."
Mehr gibt es dazu aus seiner männlichen Perspektive nicht zu sagen. Seine
Ruhe haben – na klar! Vor mir etwa? So ist das also. Meine Familie hat sich
auf Vincenzos Seite geschlagen.

In meiner Verzweiflung rufe ich am Samstagmittag meine Schwägerin
Claudia in Venedig an, um ihr meine Notlage zu schildern. Geduldig hört
sie sich meine Litanei an, bevor sie antwortet:
„Weißt du, ich kenne Vincenzo sehr gut. Du musst dir keine Sorgen machen. In Krisenzeiten braucht er das Surfen zum Abschalten, um einen klaren Kopf zu bekommen. Das hat mit dir nichts zu tun. Das darfst du nicht
persönlich nehmen. Er ist einfach überlastet."

Meinen Verdacht über eine vermeintliche Konkurrentin habe ich nicht erwähnt. Brauche ich auch nicht, da Claudia scheinbar sowieso meine Gedanken lesen kann:
„Denk bloß nicht, dass da eine andere Frau im Spiel ist. Das wäre totaler Quatsch". Nun fühle ich mich ertappt.

Als letzter Rettungsanker muss jetzt meine langjährige Freundin Petra herhalten. Auf meinen verzweifelten Anruf am Samstagnachmittag antwortet sie:
„Natürlich kannst du vorbei kommen. Ich bin daheim. Wir können uns nachher was kochen."
Das tun wir dann auch. Das heißt, Petra kocht für mich. Allerdings bekomme ich keinen Bissen hinunter.
„Was ist, wenn er mich verlassen will?", heule ich.
Nun ist auch Petras Schmerzgrenze erreicht:
„Verdammt Melanie, jetzt reiß dich mal zusammen. Du hast den besten Mann, den sich eine Frau wünschen kann. Der liebt dich über alles, sonst wäre er wohl nicht hier in Deutschland. Wenn man sich auf irgendjemanden verlassen kann, dann ist es Vincenzo. Dass er jetzt mal eine Krise hat, musst du ihm doch zugestehen. Hast du dir schon mal überlegt, dass er es dir vielleicht unbedingt recht machen will und nicht weiß, wie?"
Das sitzt. Warum kann ich dem Zuverlässigsten aller Menschen nicht vertrauen? In diesem Moment kann ich mich selbst nicht leiden. Meine blöde Unsicherheit hat mir wieder einen Streich gespielt. Petra hat natürlich völlig recht.

Nachdem ich mich durch meine Verlustängste nun bei allen ausgiebig lächerlich gemacht habe, bleibt nur noch eins. Ich muss mir den Frust von der Seele rudern. Nach einer schlaflosen Nacht fahre ich am Sonntagmorgen zum Ruderklub, um mir den Einer auszuleihen. Wie eine Europameisterin rudere ich über den Neckar, bis ich völlig erschöpft wieder am Bootssteg ankomme. Danach fühle ich mich etwas besser.

Bei seiner Rückkehr am Sonntagabend schließt mich Vincenzo lächelnd in die Arme.
„Danke für dein Verständnis", murmelt er mir ins Ohr und drückt mich

fest an sich, „jetzt geht es mir viel besser. Ich habe sogar, das Gefühl, wieder denken zu können."

Ich schäme mich in Grund und Boden, bin ich doch alles andere als verständnisvoll gewesen.

Vor meinem inneren Auge erscheint das Bild meines Vaters, wie er hinter seiner Zeitung hervorlugt:

„Der wollt halt mol sei Ruh han!"

Hat mein alter Herr vielleicht zum ersten Mal im Leben recht gehabt?

Auf jeden Fall sind wir nun an einem Punkt angelangt, wo wir über unsere Probleme reden können. Ich schildere Vincenzo, welche Panik mich erfasst hat, nachdem er am Freitag abgereist ist, hat sich doch schon damals Jonas mit den Worten „ich brauche etwas Abstand" von mir verabschiedet. Mein Gatte ist ehrlich betroffen. Reumütig gesteht er, dass er zu sehr in seine eigenen Probleme verwickelt war, um meinen Zustand zu bemerken.

Wieder muss ich an die Worte meiner Freundin Petra denken: „Das musst du ihm zugestehen, dass er auch mal eine Krise hat."

Sicher hat sie recht, aber das ist es nicht alleine. Ich bin mir sicher, dass Vincenzo Heimweh nach Italien hat.

Am nächsten Tag melden wir uns beide krank, schalten unsere Handys aus und verkriechen uns in unserer Wohnung zum Zukunftsbrainstorming.

„So kann es nicht weitergehen", sage ich entschlossen.

„Da hast du recht", stimmt mir mein Liebster zu, „aber was ist denn die Lösung? Mit meinem Job wird das nicht besser. Letzte Woche ist ein Mitarbeiter entlassen worden, der nicht ersetzt wird. Jetzt haben wir noch mehr zu tun."

Er sieht ratlos und verzweifelt aus.

„Vielleicht", überlege ich nachdenklich, „ist es einfach Zeit, nach Hause zu gehen."

Die Verwirrung steht ihm ins Gesicht geschrieben.

„Was meinst du? Wir sind doch zu Hause."

So ein heimwehkranker Italiener kann ganz schön schwer von Begriff sein.

„Na, heim nach Italien meine ich."

Totales Erstaunen. Diese Option ist auf seinem Auswahlmenü offenbar nicht vorhanden. Er strahlt über das ganze Gesicht.

„Würdest du tatsächlich mit mir nach Italien zurückgehen?" Nun verschränke ich die Arme vor meiner Brust:

„Ich habe gar keine andere Wahl. Ich muss sogar mitgehen. Selbst wenn ich hierbleiben wollte, würden mich spätestens nach zwei Wochen meine Eltern, mein Bruder und meine Freundin Petra ins Auto packen und persönlich bei dir abliefern, weil sie mich nicht mehr ertragen könnten."

Mein Mann wirft den Kopf in den Nacken und lacht laut. Da ist er wieder, der Vincenzo, in den ich mich damals verliebt habe.

„Gibt es denn die Option noch, bei Riccardos Surfschule einzusteigen?", frage ich weiter. Noch mehr Erstaunen.

„Ich denke schon", murmelt Vincenzo unsicher, „aber das geht doch nicht. Ich meine, ich verdiene ganz gut, wir haben den Firmenwagen, die schöne Wohnung und so."

Nun werde ich sauer.

„Scheiß auf den Firmenwagen und das Geld. Was ist denn mit dir? Mit uns? Ich sehe doch, dass du kaputt gehst bei dem Stress."

Irgendwie hat er sich in die Idee verrannt, mir einen exklusiven Lebensstandard bieten zu müssen.

„Ich will den Vincenzo, den ich geheiratet habe, nicht verlieren. Was bringt uns das Geld, wenn wir nicht glücklich sind?", fahre ich fort. Er schaut zwar noch skeptisch, hat aber keine wirklichen Gegenargumente zu bieten.

„Ich glaube, Riccardo kann ein neues Marketingkonzept gebrauchen. Du könntest dich als Berater selbständig machen und gleichzeitig bei der Surfschule mit einsteigen. Vielleicht kann ich mich dort auch irgendwie nützlich machen." Ich bin voller Ideen. „Naja, vermutlich nicht gerade als Surflehrerin", füge ich grinsend hinzu. „Außerdem", fahre ich fort, „habe ich mit einer Lektorin von unserem Verlag gesprochen. Ihr haben meine Entwürfe gefallen. Vielleicht kann ich etwas veröffentlichen. Ob ich meine Manuskripte von Stuttgart oder Riva einschicke, ist wohl egal."

Während dieser langen Rede sind Vincenzos Augen immer größer geworden.

„Siehst du, ich habe dir doch schon vor Monaten gesagt, du sollst mit ihr sprechen. Und was die Sache mit Surfschule betrifft, ... hm ..., ich werde mal mit Riccardo reden."

Endlich habe ich ihn überzeugt. Noch am selben Abend ruft Vincenzo in Riva an.

Als wir meine Eltern über unsere Rückkehrpläne nach Italien informieren, ist mein Vater entsetzt:

„Jetzt zieht ihr scho wieder um? Noch Italien? Ihr wisset au net, was ihr wellet!"

Er selbst ist natürlich nicht so wankelmütig. Seit vierunddreißig Jahren wohnt er nun in seinem Reihenhaus. Selbstverständlich wird er auch da bleiben.

„Ha, wenn der Vincenzo geht, dann gesch halt mit", lenkt er schließlich ein, „mit dir kann man's eh net aushalte, wenn der weg isch."

Entsetzt stemmt nun meine Mutter die Hände in die Hüften:

„Des kannsch doch net sage, des isch doch dei Dochder!"

„Isch doch wohr", nörgelt mein Vater und verschwindet hinter seiner Zeitung.

„Ich wusste doch, dass dein Vater in Ordnung ist", flüstert mir ein grinsender Vincenzo zu. Und schon wieder hat mein alter Herr recht gehabt. Das ist schon fast unheimlich.

Meine praktisch veranlagte Mutter macht sofort Zukunftspläne:

„Ha, wenn ihr dann in Italien wohnet, dann kenned mir im Sommer zwei Wochen Urlaub am Gardasee mache statt am Bodesee. Dann kann i die Lucia b'suche."

Mein Vater erstarrt hinter seiner Zeitung. Was ist das? Er soll nun auf seinen jährlichen Urlaub am Bodensee verzichten, nur weil seine unschlüssige Tochter mit ihrem Angetrauten unbedingt nach Italien auswandern muss! Nun erwacht sein Kampfgeist. So einfach will er sein Dauerurlaubsziel nicht aufgeben:

„Ha, mir fahren doch immer mit dem Schiff, gehen bade und spaziere und grillet und so."

Vermutlich glaubt er, der Gardasee sei ein mit Schilf zugewachsenes Sumpfloch.

„Des kannsch du alles am Gardasee au mache", entkräftet meine Mutter seine Argumente, „und genug Leut, die Deutsch könnet, gibt's dort au."

Listig fügt sie hinzu:

„Außerdem kannsch nach Venedig fahre und mit dem Antonio a Bier trinke."

Das ist in der Tat etwas, was der Bodensee nicht zu bieten hat. Diese Schlacht hat meine Mutter gewonnen.

Vincenzos Eltern jubeln, als sie hören, dass wir nach Italien zurückkehren wollen – für immer. Es stellt sich heraus, dass der lange Arm der „Stammtischmafia" sogar bis nach Riva del Garda reicht. Es gibt immer einen Bruder eines Schwagers, der jemanden kennt, der einem ein Haus vermieten kann. Mein Gatte fährt für eine Woche nach Italien, um dort alles zu regeln. Es wird eine sehr produktive Woche. Als er zurückkommt, hat er ein Haus für uns in Riva gefunden. Außerdem hat er einen Beratervertrag mit der Firma seines Schwagers Lorenzo in Mestre sowie einen Beteiligungsvertrag für die Surfschule in Riva unterzeichnet, die nun „Riccardos & Vincenzos Surfschule" heißen wird. Keine schlechte Bilanz. Am besten gefällt mir, dass er nun wieder der Vincenzo ist, mit dem ich verheiratet sein will. In derselben Woche kündigen wir beide unsere Stellen. Nun bleiben uns noch vier Monate in Stuttgart. Eines Abends sitzen wir auf unserem Balkon und beobachten den Sonnenuntergang.
„Ich freue mich auf die herrlichen Sonnenuntergänge am Gardasee", bemerke ich nachdenklich.
„Weißt du", erwidert mein Herzblatt, „ich hatte ganz schön Heimweh. Mir war klar, dass etwas nicht stimmt, aber ich wusste nicht, was es war. Außerdem dachte ich, dass du bestimmt lieber in Deutschland bleiben möchtest und ich wollte dich auch nicht verlieren."
Ich schaue ihn an:
„Ich wusste es schon. Weißt Du, warum?"
Er schüttelt den Kopf.
„Weil ich auch Heimweh hatte."
Er drückt meine Hand und lächelt.
Wieder muss ich an Petras Worte denken:
„Vielleicht versucht er, es dir recht zu machen und weiß nicht, wie?"
Meine Petra ist doch eine weise Frau.

Abschied von Stuttgart

„In ein paar Tagen sind wir schon auf dem Weg nach Italien", frohlockt Vincenzo mit strahlenden Augen.

Etwas komisch ist mir schon zumute, da meine Eltern und Freunde nicht mehr um die Ecke wohnen werden. Trotzdem weiß ich, dass wir die richtige Entscheidung für uns getroffen haben. Ich freue mich unheimlich auf unser neues Zuhause. Petras Angebot, mit nach Italien zu fahren, um beim Umzug zu helfen, nehmen wir gerne an. Die Wohnung haben wir bereits aufgelöst. Die Möbel sind von einer Transportfirma verpackt und auf den Weg geschickt worden. Mit den letzten Habseligkeiten wohnen wir nun in meinem alten Jugendzimmer im Reihenhaus meiner Familie.

Ein paar Freunde haben zum Abschied eine Grillparty im Schrebergarten meines Vaters organisiert.

„So, nun kommst du doch noch zu deinem Gartenfest", sage ich zu meinem Vater bei unserer Abschiedsfeier.

„Des wär doch au schee gewese als Hochzeitsfeier, oder?"

Diese Diskussion will ich nicht erneut aufwärmen, deshalb lenke ich ab:

„Ach, das kann dann Andreas machen, wenn er Kathy heiratet", rutscht es mir heraus. Vincenzo verpasst mir einen warnenden Stoß mit dem Ellenbogen, aber es ist zu spät.

Mein Vater hat Feuer gefangen:

„Des isch a gute Idee. Des muss i dem glei sage."

Mit diesen Worten rauscht er ab. Oh weh, habe ich nun meinen einzigen Bruder für immer verprellt?

Andreas ist empört.

„Wie kommst du darauf, dass ich überhaupt demnächst heirate?", will er wissen.

Mein Vater blickt ihn erstaunt an:

„Ha, ihr kenned euch doch scho so lang".

Für ihn ist das eine logische Erklärung. Früher hat man auch nicht Jahre verschwendet, um sich zu überlegen, ob man jemand heiraten will oder nicht.

„Ihr junge Leut, ihr wisset oifach net, was ihr wellet", schließt er. Andreas kommt wütend auf mich zugestürmt.

„Was für einen Floh hast du dem denn ins Ohr gesetzt?", zischt er mir zu.

Ich ziehe den Kopf ein und murmele eine Entschuldigung.

„Werdet ihr uns besuchen in Italien?", frage ich versöhnlich.

„Na klar. Wir kommen zum Surfen", lautet die ebenso versöhnliche Antwort.

Wieder einmal fährt Petra als Umzugshelferin mit nach Italien.

„Bleibt ihr denn jetzt dort?", will sie wissen, „ich habe nicht vor, jeden Urlaub damit zu verbringen, euch beim Umziehen zu helfen", beschwert sie sich. Ganz bestimmt sei das der letzte Umzug, versprechen wir.

„Du kannst aber gerne zum Urlauben nach Italien kommen", füge ich hinzu.

Als wir mit dem Auto in Riva del Garda eintreffen, hat die Umzugsfirma die Möbel bereits angeliefert. Die nächsten Tage verbringen wir damit, Schachteln und Kisten aus- und Schränke einzuräumen. Nachdem wir zehn Tage lang geschuftet haben, sieht unser neues Heim sehr gemütlich aus. Von dem riesigen Wohnzimmer aus führt eine hölzerne Flügeltür in den Garten hinaus, in dem wir zwischen zwei Oleanderbäumen eine Hollywoodschaukel aufgestellt haben. Vom Küchenfenster aus kann man sogar einen Blick auf den See erhaschen. Eines der beiden in Blau und Weiß dekorierten Gästezimmer hat unsere Helferin bereits eingeweiht.

Petra bleibt nun eine Woche Zeit, um tatsächlich noch etwas ihren Urlaub zu genießen.

„Vincenzo muss zwar arbeiten, aber wir beide können ein paar Ausflüge machen", schlage ich vor.

„Ach nö", erwidert sie unbestimmt, „ich fahre morgen für drei Tage nach Venedig."

Aufmerksam horche ich auf.

„Was hast du denn vor?", will ich wissen.

Sie sei eingeladen. Mehr will sie nicht verraten. Ich bin beleidigt. Schließlich habe ich vor ihr auch keine Geheimnisse. Habe ich ihr nicht immer bereitwillig alles über meinen Liebsten berichtet? Gut, vielleicht wollte sie es gar nicht immer so genau wissen, aber trotzdem: Ich bin stets offen gewesen.

„Du bist bloß sauer, weil deine weibliche Neugier nicht befriedigt wird", stichelt mein Gatte, nachdem Petra ohne eine weitere Erklärung nach Venedig abgereist ist.

„Stimmt gar nicht!", empöre ich mich.

Natürlich hat er recht.

Die Erklärung kommt drei Tage später als meine Freundin mit Vincenzos Schulfreund Gregorio, dem DJ, der auf unserer Hochzeit aufgelegt hat, im Schlepptau wieder in Riva auftaucht. Wir schmunzeln. Das war die geheimnisvolle Einladung nach Venedig.

„Gregorio ist schwer in Ordnung", kommentiert Vincenzo, „nur was Frauen betrifft, da lässt er sich gerne verblenden. Seine letzte Freundin war eine echte Zicke", lästert er, „die sah immer aus, als wäre sie dem Schaufenster von Dolce & Gabbana entsprungen."

Ich denke an meine Freundin Petra. Nicht, dass sie nicht auf ihr Äußeres achtet, aber Dolce & Gabbana ist nun wirklich nicht ihr Ding. Vielleicht hat der liebe Gregorio tatsächlich etwas dazu gelernt. Ich hoffe es für beide. Auf jeden Fall verbringen die Zwei noch Petras letzte Urlaubstage bei uns, bis Gregorio sie allein – darauf besteht er – zum Flughafen nach Bergamo bringt. Vielleicht werde ich meine Freundin nun öfter als erwartet zu sehen bekommen.

Veränderungen

„Bald geht die Surfsaison wieder los", jubelt Vincenzo, „ich kann es kaum abwarten."

Seit unserem Umzug nach Riva del Garda sind nun zwei Jahre vergangen. Die Zusammenarbeit mit Riccardo verläuft relativ problemlos. Auch Vincenzos Selbstständigkeit als Marketingberater hat sich zufriedenstellend entwickelt. Immer wieder gehen Aufträge der Firma Soltauer aus Mestre ein.

Ich selbst kann mich nicht über Langeweile beklagen. Den Papierkram für die Surfschule erledige ich mehr oder weniger nebenbei. Nach anfänglichen Startschwierigkeiten mit der südländischen Bürokratie habe ich mittlerweile sogar begriffen, wie die Mühlen der italienischen Finanzämter mahlen. Ein Aushilfsjob bei einem kleinen Unternehmen in Rovereto, das immer wieder meine Deutschkenntnisse in Anspruch nimmt, versorgt mich regelmäßig mit Aufträgen. Glücklicherweise bleibt mir genügend Zeit zum Schreiben. Oft sitze ich in der Altstadt von Riva in meinem Lieblingscafé und brüte über meinen Entwürfen. Mein zweiter Roman ist bereits in den Druck gegangen.

Im Sommer kommen meine Eltern an den Gardasee. Auch mein Bruder Andreas und seine Freundin Kathy lassen sich oft bei uns blicken. Im Winter, wenn es nicht so viel zu tun gibt, fahren wir nach Deutschland. Petra ist nach wie vor mit Vincenzos Schulfreund Gregorio zusammen. Sie sind in der leidigen Situation, dass Gregorios Deutschkenntnisse nicht ausreichen, um in Deutschland eine gute Stelle zu bekommen. Petra kann zwar inzwischen recht gut italienisch, doch die Auswahl an freien Stellen ist nicht gerade üppig. Wir telefonieren oft und siehe da, das Blatt hat sich gewendet. Nun ist Petra diejenige, die mir die Ohren volljammert. Gregorio hier, Gregorio da. „Ich kann es gar nicht mehr aushalten ohne ihn."
Das verschafft mir eine gewisse Genugtuung.

„Erinnerst du dich", schauspielere ich, „als du nichts mehr mit mir zu tun haben wolltest, weil ich die ganze Zeit von Vincenzo geredet habe?"
Natürlich erinnere sie sich, seufzt sie.
„Ach, bei euch läuft alles so perfekt. Ich bin richtig neidisch", gesteht sie.

Ich sitze mit Vincenzo am Frühstückstisch und schlürfe einen Cappuccino. Nach einem etwas ungemütlichen Winter hat die Surfsaison endlich wieder begonnen und er bereitet sich gerade auf seinen ersten Kurs vor.
„Eigentlich läuft doch alles wunderbar, oder?", stelle ich fest.
„Wir können uns nicht beklagen", stimmt er mir zur, während er einen Keks in seinen Kaffee tunkt.

Es hätte alles perfekt sein können. Gerne hätte ich den Rest meines Lebens so verbracht. An einem Freitagabend erreicht uns die Hiobsbotschaft. Mein Schwiegervater ist schwer krank. Es geht alles ganz schnell. Zuerst klagt er über Magenschmerzen. Die darauffolgende Diagnose ist niederschmetternd: Magenkrebs im fortgeschrittenen Stadium. Wie ein Damoklesschwert schwebt die Aussage des Arztes über der ganzen Familie. In den folgenden Wochen geht es rapide bergab. Ich habe den Eindruck, dass Antonio seinen Lebenswillen verloren hat, weil er nicht monatelang dahinsiechen will. Das kann ich sogar verstehen. Trotzdem kann sich keiner von uns vorstellen, wie das Leben ohne den lebenslustigen, geselligen Antonio weitergehen wird.
Meine Schwiegermutter befindet sich in einer Art Schockzustand. Keiner von uns weiß, wie er sie daraus befreien kann. Es sieht so aus, als ob sie schon bald den Mann verlieren wird, mit dem sie über fünfzig Jahre ihres Lebens verbracht hat.

Vincenzo ist schwer angeschlagen. Er zieht sich zurück. Ich habe das Gefühl, völlig allein in unserer Beziehung zu sein.
„Kann ich dir helfen? Möchtest du darüber sprechen?", wage ich einen Vorstoß.
„Nein", lautet die Antwort, „lass mich einfach in Ruhe."
Es scheint, als sei dieser drohende Verlust etwas, was er mit sich selbst ausmachen will. Für mich ist dieser Zustand nahezu unerträglich.

In meiner Verzweiflung rufe ich Petra in Deutschland an, um ihr mein Herz auszuschütten. Sie ist schockiert über diese unerfreuliche Neuigkeit. „Ich kann es gar nicht glauben", erklärt sie entsetzt, „er hatte doch nie irgendwelche gesundheitlichen Probleme."

„Das haben wir auch immer gedacht", füge ich etwas ratlos hinzu, „Vincenzo hat sich völlig zurückgezogen. So kenne ich ihn überhaupt nicht. Ich muss mit jemandem reden, sonst drehe ich durch."

"Du kannst dich jederzeit bei mir melden, Melanie", verspricht meine Freundin.

Ich selbst quäle mich nun ebenfalls mit einer Magenverstimmung herum. Kein Wunder bei dem Stress. Nachdem es nicht besser werden will, wage ich mich zum Arzt. Dieser lacht laut auf, als ich ihm meine Wehwehchen schildere:

„Magenverstimmung? Ich vermute da etwas anderes."

Ich muss ziemlich entsetzt dreingeschaut haben. Jedenfalls versucht er sofort, mich zu beruhigen:

„Nein, nein, machen Sie sich keine Sorgen."

Ich lasse verschiedene Untersuchungen über mich ergehen, bis ich zu guter Letzt wieder vor dem lächelnden Arzt sitze. Vermutlich ist er nicht im Begriff, mich über meinen kurz bevorstehenden Tod zu informieren, sonst wäre sein Gesichtsausdruck ein anderer.

„Hab ich mir's doch gedacht", strahlt er, „Sie sind schwanger!"

Meine Kinnlade klappt nach unten. Ich schlucke. Ob das nun besser ist als die Diagnose einer tödlichen Krankheit, weiß ich in dem Moment nicht so recht. In einer Art Trancezustand verabschiede ich mich von dem Arzt, der mir ermutigend den Arm tätschelt. Nun brauche ich erst einmal einen Cappuccino.

Vincenzo hat von Anfang an klar gesagt, dass er keine Kinder will. Ich bin unentschlossen, habe mit seinem Wunsch aber kein Problem. Das heißt - bisher gab es kein Problem. Nun habe ich eines. Zugegeben, wir hätten uns mit dem Thema Verhütung etwas intensiver auseinandersetzen sollen, aber in dem ganzen anderen Trubel ist das wohl untergegangen. Nun ist es zu spät. Ich sitze in meinem Lieblingscafé in der Altstadt von Riva und habe Herzrasen. Dazu steht mir noch der Schweiß auf der Stirn, obwohl es noch recht kühl ist. Das kann ja heiter werden. Mein Lieblingsgetränk vertrage ich nun auch nicht mehr. Von vielen Frauen habe ich gehört, dass die Schwangerschaft eine so wunderbare Zeit ist, die eine Frau unbedingt genießen sollte. Ich lasse die letzten acht Wochen Revue passieren. Denn da muss es laut Aussage meines Arztes irgendwann geschehen sein. Ständige leichte Übelkeit, Verdauungsbeschwerden, noch mehr Übelkeit beim Anblick oder Geruch von Fisch oder Fleisch, Schwindelanfälle und nun auch noch Herzrasen beim Cappuccino trinken. Von einer wunderbaren Zeit habe ich eine völlig andere Vorstellung!

Mit meinem Liebsten habe ich in den letzten Wochen kaum sprechen können. Wie soll ich dem Mann, der keine Kinder will, beibringen, dass er nun trotzdem eines bekommen wird? Und vor allem: Wem sonst kann ich mich anvertrauen, ohne dass Vincenzo davon erfährt?

In Venedig bin ich bekannt wie ein bunter Hund. Durch die zahlreichen Kontakte meiner angeheirateten Familie ist ein anonymer Bummel durch das Stadtzentrum fast nicht mehr möglich. Einmal war ich mit Petra in der Stadt. Spontan haben wir uns entschlossen, auf einen Kaffee bei meiner Schwiegermutter vorbeizuschauen. Freudestrahlend öffnete sie die Tür.

„Ciao ihr Lieben, da seid ihr ja. Ich habe euch schon erwartet!", begrüßte sie uns. Auf meinen verblüfften Gesichtsausdruck reagierte sie mit einem Lachen.

„Ihr habt doch vorher am Canale Grande mit Maurizio gesprochen."

Maurizio gehört zu den zahlreichen Mitgliedern der „Stammtischmafia" meines Schwiegervaters.

„Er hat uns angerufen und Bescheid gesagt, dass ihr auf dem Weg seid."

Wir staunten nicht schlecht, Petra und ich. Jedenfalls erzählte ich Vincenzo diese Geschichte bei meiner Rückkehr nach Riva.

„Also, wenn ich mich mit einem heimlichen Liebhaber treffen will, ist Venedig nicht der richtige Ort, oder?", scherzte ich.

„Das kannst du vergessen. Darüber wäre ich innerhalb weniger Stunden informiert", war seine amüsierte Antwort. Damals konnten wir sogar noch zusammen lachen.

Aber nun ist mir nicht nach Frohsinn zumute. Meinen Eltern kann ich nichts sagen. Die hätten es sofort Lucia erzählt, die es wiederum Vincenzo berichten würde. Hier in meiner Wahlheimat kann ich mich niemandem anvertrauen. So gut wie die Buschtrommeln vor Ort funktionieren, hätte sogar Herr Berlusconi innerhalb weniger Tage von meiner Schwangerschaft erfahren und diese womöglich noch im italienischen Staatsfernsehen bekannt gegeben. Das kann ich nicht riskieren. Eigentlich kommt nur ein Mensch infrage, mit dem ich offen sprechen kann: Petra.

Schon nach wenigen Tagen habe ich sie wieder an der Strippe.

„Petra, ich bin schwanger", platze ich heraus.

„Mensch, ist das toll. Ich freue mich so für dich", jubelt sie. Ich schweige. Schön, dass sich wenigstens ein Mensch freut, auch wenn es nicht der Erzeuger meines Kindes ist.

„Bist du noch dran, Melanie?", fragt sie, nachdem ich nicht auf ihren Freudenausbruch reagiere. „Was hat denn Vincenzo gesagt?", will sie wissen.

„Der weiß es noch nicht. Er hat von Anfang an gesagt, dass er keine Kinder will. Momentan kann ich wegen Antonios Krankheit überhaupt nicht mit ihm reden und jetzt auch noch das", schluchze ich los. Ja genau, Stimmungsschwankungen, das habe ich bei der Aufzählung der Symptome vorhin vergessen.

„Melanie, jetzt beruhige dich. Ich kann mir überhaupt nicht vorstellen, dass er sich nicht freut", beschwichtigt mich Petra.

Ich bleibe stur.

„Der freut sich überhaupt nicht. Da bin ich mir sicher."

Petra muss natürlich beim Leben ihres geliebten Gregorio schwören, dass sie niemandem ein Sterbenswort verraten wird. Es hat gut getan, wenigstens mit einer Menschenseele darüber sprechen zu können.

Die Situation bleibt weiter angespannt. Vincenzo und ich wechseln kaum ein Wort. Jeder hat sich in sein Schneckenhaus zurückgezogen. Mein Arzt bestellt mich zwei Wochen später zu einem neuen Termin ein.

„Alles in Ordnung", bestätigt er mir. Aus irgendeinem Grund scheint er wesentlich erfreuter über meine Schwangerschaft als ich selbst.

„Und was meint der werdende Vater?", will er wissen.

„Der werdende Vater", kläre ich ihn auf, „will kein Vater werden. Deshalb weiß er noch nichts davon."

Nun runzelt der Dottore die Stirn.

„Sie dürfen ihm das nicht verschweigen", rät er mir wohlwollend. Na sowas? Praktiziert der jetzt auch noch als Eheberater? Mein dünnes Nervenkostüm hält dieser Aussage nicht stand. Vor den Augen des erstaunten Dottore breche ich in Tränen aus:

„Mein Schwiegervater liegt im Sterben, mit meinem Mann kann ich seit Wochen nicht vernünftig reden. Er hat von Anfang an gesagt, dass er keine Kinder will. Was soll ich denn jetzt machen?", schluchze ich verzweifelt. Ich hoffe, dass es in Italien genauso wie in Deutschland die ärztliche Schweigepflicht gibt. Er nickt aufmerksam mit dem Kopf.

„Ich kann verstehen, dass es für Sie eine schwierige Situation ist. Aber versuchen Sie trotzdem, mit ihm zu reden."

In zwei Wochen soll ich wiederkommen.

Ende und Neuanfang

Wenige Tage später geht es Antonio so schlecht, dass Vincenzo seine Kurse absagt und wir unverzüglich nach Venedig aufbrechen. Der Gedanke, mich in einem Boot irgendwo hin transportieren zu lassen, verursacht bei mir noch mehr Übelkeit, aber Daheimbleiben ist keine Option. Als wir am Haus der Familie Castore ankommen, fühle ich mich wie ein seekranker Matrose. Alle sind so in ihrer Trauer versunken, dass es keinem auffällt. Sobald wir das Haus betreten haben, stürze ich ins Bad, um mich zu übergeben. Prima. Wird das jetzt noch sechseinhalb Monate so weitergehen? Wie machen das die schwangeren Venezianerinnen, die täglich mit den Linienschiffen unterwegs sind? Die können auch nicht den ganzen Tag über der Toilettenschüssel verbringen. Meine Schwägerin Claudia könnte mir diese Frage sicher beantworten.

„Melanie, bist du fertig? Ich muss auch mal ins Bad", Vincenzo klopft an die Tür. Ich bemühe mich, keine Spuren zu hinterlassen und gehe zu den anderen ins Wohnzimmer.

Trotz allem bin ich froh, dass wir uns herbemüht haben, denn Antonio stirbt noch in dieser Nacht. Vincenzo weint ohne Unterlass. Ich hatte gehofft, dass wir als Paar in der Lage sein würden, uns gegenseitig zu unterstützen. Nun fühle ich mich völlig hilflos, weil ich ihn in seiner Trauer überhaupt nicht erreichen kann. Es scheint, als habe er sich auf einen anderen Planeten zurückgezogen. Wir trauern alle. Keiner kann sich in dem Moment vorstellen, wie das Leben ohne Antonio sein wird. Ich fühle mich sehr allein. Die einzige treue Begleiterin ist meine ständige Übelkeit. Auf sie hätte ich nun wirklich verzichten können.

Da wir beide alle Termine abgesagt haben, können wir bis zur Beerdigung bei Lucia bleiben.

„Lucia", biete ich ihr an, „willst du nicht danach für ein paar Tage mit nach Riva kommen?"

„Nein", ist ihre Antwort, „ich muss jetzt alleine sein. Später komme ich gerne."

Die Beerdigung findet auf dem Friedhof auf der Insel San Michele statt. Es ist ein beeindruckendes Ereignis, an das ich stets mit Ehrfurcht zurückdenke. Wie bei einem Staatsbegräbnis kommen Hunderte von Menschen, um sich von Antonio zu verabschieden. Noch nie habe ich so viele Blumenkränze auf einem Fleck gesehen. Auch meine Eltern haben einen geschickt, da sie beide mit einer dicken Grippe im Bett liegen und nicht persönlich anwesend sein können.

Es ist ein heißer Tag. Die Sonne brennt von dem wolkenlosen Himmel herunter. Vincenzo ist so in seiner Trauer versunken, dass er mich an seiner Seite kaum wahrnimmt. Trotzdem bin ich nicht alleine hier. Meine Übelkeit hat mich auf der Bootsfahrt nach San Michele begleitet. Ich atme tief durch, während ich hoffe, mich nicht übergeben zu müssen. Der Pfarrer hat den Gottesdienst unter freiem Himmel gerade beendet. Wir haben uns in eine endlose Menschenschlange eingereiht, um uns endgültig von Antonio zu verabschieden. Durch das lange Stehen in der Sonne spüre ich, wie sich mein Kreislauf langsam verabschiedet.
„Mir ist schlecht", bringe ich gerade noch hervor, bevor ich neben Vincenzo zusammensacke. Glücklicherweise steht Schwager Lorenzo hinter mir, um mich aufzufangen. Kreislaufkollaps. Ich muss wohl mehrere Sekunden lang ohnmächtig gewesen sein. Als ich die Augen aufschlage, blicke ich in das besorgt dreinschauende Gesicht meines Gatten. Außerdem hat sich eine Menschentraube um uns gebildet. Jemand hat sogar einen Arzt ausfindig gemacht. Dieser verscheucht erst einmal die Menschen um mich herum, einschließlich meines besorgten Ehemannes. Während er mich notdürftig untersucht, flüstere ich ihm zu:
„Ich bin schwanger, aber es weiß noch niemand. Bitte sagen Sie nichts."
Der gute Dottore nickt verschwörerisch:
„Aber Sie müssen jetzt unbedingt in den Schatten. Am besten die Beine hochlegen und viel trinken."
Nachdem ich ein heiliges Versprechen abgelegt habe, dass ich all diese Ratschläge unverzüglich befolgen werde, wendet der Arzt sich an Vincenzo:
„Ich glaube, Ihre Frau hat Ihnen etwas zu sagen."
Oh weh. Jetzt gibt es kein Entrinnen. Muss ich nun mein Dasein als geschiedene, alleinerziehende Mutter fristen? Mir ist schon wieder übel. Nachdem der Arzt alle herumstehenden Menschen verscheucht hat, setzt

sich Vincenzo zu mir auf den staubigen Boden. Seit Langem einmal wieder schaut er mir in die Augen. Oh Gott. Mir ist immer noch so übel. Außerdem habe ich Herzklopfen.

„Ich bin schwanger", platze ich heraus, nachdem ich innerlich durchgerechnet habe, welche Woche für einen Scheidungstermin gut passen würde. Auf Vincenzos blassem Gesicht erscheint ein Lächeln, seine blauen, wenn auch mit dunklen Rändern umrahmten Augen erstrahlen:

„Melanie, das ist wunderbar! Warum hast du nichts gesagt?"

Meine Kinnlade klappt nach unten. Moment! Leide ich zusätzlich zu dem Kreislaufkollaps nun auch noch an Gedächtnisstörungen? Ist das derselbe Mann, der mir zu Anfang unserer Beziehung mitgeteilt hat, dass er auf keinen Fall Kinder haben möchte? Oder hat die Sonne ihm auf eine andere Art und Weise zugesetzt als mir? Auf jeden Fall hat er mich nun besorgt in den Arm genommen:

„Ich muss dich sofort nach Hause bringen. Du musst dich ausruhen. Seit wann weißt du das schon?"

Das ist mir alles zu viel. Ich breche in Tränen aus und mein Gatte weint gleich mit. Aber diesmal vor Freude. Beim Rest der Familie hat sich Verwirrung breitgemacht. Ich bin mittlerweile völlig aufgelöst. Außerdem habe ich kein Bedürfnis, meiner gesamten Familie meine Schwangerschaft auf einem staubigen Friedhof zu verkünden. Glücklicherweise spricht Vincenzo ein Machtwort:

„Ich bringe Melanie jetzt nach Hause zu Lucia. Wir sehen uns dann später alle dort."

Die Fahrt mit dem Wassertaxi von San Michele zurück nach San Marco zum Haus meiner Schwiegermutter scheint endlos, da meine Übelkeit durch das Schaukeln des Bootes noch verstärkt wird.

„Mir ist seit ungefähr zehn Wochen mehr oder weniger ununterbrochen schlecht", jammere ich.

Fürsorglich legt mein Mann seinen Arm um meine Schulter:

„Ich verstehe wirklich nicht, warum du nichts gesagt hast."

Nun bin ich sauer.

„Warum ich nichts gesagt habe?", zische ich, „du bist doch seit Monaten nicht mehr ansprechbar. Seit dein Vater krank geworden ist. Ich verstehe ja, wie schlimm das für dich ist, aber ich dachte als Paar könnten wir das gemeinsam bewältigen. Allerdings hatte ich in den letzten Wochen eher das Gefühl, allein in dieser Beziehung zu sein. Du hast mich überhaupt nicht an dich rangelassen!"

So jetzt ist es raus.

„Außerdem", schiebe ich nach, „hast du am Anfang gesagt, dass du keine Kinder willst."

Es scheint, als hätte ich ihn im innersten Kern getroffen. Er sinkt in sich zusammen und sitzt neben mir wie ein Häufchen Elend, sodass mir mein Wutausbruch schon fast leid tut.

„Ach, das mit den Kindern habe ich am Anfang so gesagt", murmelt er zögerlich, „aber inzwischen hatte ich schon überlegt, dass es vielleicht doch ganz schön wäre. Aber du schienst auch nicht unbedingt welche zu wollen. Da habe ich nichts gesagt."

Da soll mich doch der Teufel holen! Nie mehr soll jemand behaupten, nur Frauen wüssten nicht, was sie wollen. Diese ganze Quälerei – für nichts. Nur weil der gnädige Herr sich etwas gedacht, aber nichts gesagt hat. Nun bin ich so sauer, dass ich sogar meine Übelkeit vergessen habe.

„Weißt du, wie schlecht es mir ging in den letzten Wochen, weil ich nicht wusste, wie ich dir das beibringen soll?", sprudelt es aus mir heraus, „du hast mir nicht mal die Chance gegeben, ein normales Gespräch mit dir zu führen."

Er nimmt mich nur wortlos in den Arm und legt seinen Kopf auf meine Schulter. Jetzt, wo ich es ausgesprochen habe, ist es plötzlich nicht mehr so schlimm. Ich spüre, dass wir nach all diesen Wochen der Distanz wieder ein Paar sind.

Endlich kommen wir in Vincenzos Elternhaus an. Er verfrachtet mich auf das Sofa im Wohnzimmer und versorgt mich mit Getränken.

„Brauchst du ein Kissen oder eine Decke?"

„Jetzt hör auf, so hektisch herumzurennen und leg dich zu mir", stöhne ich. Plötzlich fühle ich mich zurückversetzt zu unserem ersten gemeinsamen Wochenende in Riva.

„Schade, dass Vater das nicht mehr miterleben kann", seufzt Vincenzo, nachdem wir eine ganze Weile in stillem Einvernehmen auf der Couch gelegen haben.

„Ist es nicht verrückt, wie sich Leben und Tod manchmal die Hand reichen?", frage ich leise. Wir staunen beide, wie es möglich ist, an einem Tag etwas so Trauriges und gleichzeitig etwas so Schönes zu erleben. Plötzlich sieht mich Vincenzo direkt an. Seine Augen sind noch vom Weinen gerötet.

„Weißt du", flüstert er, „ich habe dich in den letzten Wochen auch vermisst. Ich habe es nur bis gerade eben nicht bemerkt, weil ich so von meinem Schmerz eingenommen war." Ich drücke seine Hand ganz fest:

„Ich bin froh, dass wir noch ein Team sind."

Da lächelt er sogar.

Irgendwann kommt Lucia mit ihren restlichen Kindern und deren Familien zurück. In einer großen Runde sitzen wir um den Esstisch. Die Stimmung ist gedrückt. Wir haben das Gefühl, eine Erklärung abgeben zu müssen, wissen aber nicht wie.

„Wir bekommen ein Kind", platzt Vincenzo schließlich ohne Vorwarnung heraus, „Melanie ist schwanger."

Alle starren uns an. Keiner sagt ein Wort. Lucia ist die Erste, die die Sprache wieder findet:

„Das ist ja wundervoll!"

Die Aussicht auf ein neues Enkelkind scheint sie trotz ihrer Trauer zu beflügeln. Plötzlich reden alle durcheinander:

„Warum habt ihr nichts gesagt? Seit wann wisst ihr es? Wann kommt das Kind zur Welt?"

Da hebe ich energisch die Hand:

„Moment, Moment, bis heute Nachmittag hat Vincenzo es auch nicht gewusst. Lasst ihm ein bisschen Zeit, sich an den Gedanken zu gewöhnen."

Plötzlich hat sich die Stimmung gehoben. Vermutlich ist dies ein Zeichen, dass das Leben tatsächlich weitergeht.

In den folgenden Tagen werde ich behandelt wie ein rohes Ei. Das gefällt mir auch nicht besser, als ignoriert zu werden. Bald schon ist der nächste Arzttermin fällig. Vincenzo besteht darauf, mitzukommen. Während er dem Dottore angeregt detaillierte Fragen über Schwangerschaft, Geburt und mögliche Komplikationen stellt, lehne ich mich gelangweilt in meinem Stuhl zurück und starre aus dem Fenster. Der gute Dottore hält dem

Kreuzverhör eine ganze Weile stand. Irgendwann lehnt er sich mit verschränkten Armen zurück und schmunzelt Vincenzo an:

„Herr Castore, Sie wissen schon, dass Ihre Frau das Kind bekommt und nicht Sie, oder?"

Nun haben die beiden meine Aufmerksamkeit wieder. Ein Arzt mit Humor. Das gefällt mir. Ich krümme mich vor Lachen auf dem Stuhl. Als wir das Sprechzimmer verlassen, hält der Dottore mich am Ärmel fest.

„Ist das der Mann, der keine Kinder haben möchte?", flüstert er mir zu. Ich erröte etwas und nicke. Er zwinkert mir nur zu, ohne ein weiteres Wort zu sagen. Ich muss an die Worte meiner Freundin Petra denken: „Ich kann mir nicht vorstellen, dass Vincenzo sich nicht freut."

Soll ich mich künftig auf Petras Bauchgefühl verlassen anstatt auf mein eigenes?

Schon am nächsten Tag rufe ich meine Mutter an. Noch bevor ich die freudige Nachricht verkünden kann, werde ich von einem Redeschwall überrollt. Anscheinend ist mein Muttchen einem Anfall von plötzlicher Redewut erlegen.

„Kind, des isch gut, dass du anrufscht. Die Elsa isch im Krankenhaus und der Kurt kommt jeden Dag zu uns zum Esse, weil der sich alloi nix kocha kann. Und überhaupt ..."

Ich schalte auf Durchzug und halte den Telefonhörer mehrere Zentimeter vom Ohr weg. Als sie endlich Luft holen muss, ergreife ich meine Chance.

„Mama, ich muss dir etwas erzählen."

Plötzliches Schweigen am anderen Ende.

„Isch was passiert?", fragt sie entsetzt und hält gespannt die Luft an. Ich muss grinsen. Jetzt habe ich sie am Wickel.

„Ja", antworte ich genüsslich, „aber etwas Schönes."

Wieder hält sie die Luft an aus Angst, meine Antwort zu verpassen. Als ich nicht sofort reagiere, wird sie ungeduldig.

„Ha, jetzt sag halt, was los isch."

„Ihr bekommt ein Enkelkind."

Nun bricht meiner Mutter in Tränen aus.

„Isch des schee", schluchzt sie ins Telefon.

Kurzzeitig zieht sie sogar in Erwägung, an den Gardasee auszuwandern, wogegen sich mein Vater heftigst wehrt. Nein, er werde sein Reihenhaus in Bad Cannstatt auf keinen Fall verlassen, protestiert er.

Im Frühsommer kommen sie für zwei Wochen zu Besuch. Sie bemerken sofort die Lücke, die Antonio in unserem Leben hinterlassen hat.

Vincenzo hat oft melancholische Momente, in denen er seinen Vater schmerzlich vermisst. Ich finde ihn mit verweinten Augen auf unserer Hollywoodschaukel im Garten, wo die beiden häufig stundenlang über das Leben philosophierten, wenn die Eltern Castore das Wochenende bei uns verbrachten. Ich setze mich wortlos dazu.

„Manchmal fehlt er mir einfach", seufzt Vincenzo mit sanfter Stimme. Dann schaut er mich an. „Aber ich bin froh, dass ich dich habe. Und ich hoffe, dass ich unserem Kind ein so guter Vater sein kann, wie er es gewesen ist." Er fährt mit der Hand durch sein lockiges Haar und lehnt sich erschöpft zurück, als ob er eine lange, anstrengende Rede gehalten hätte.

„Daran habe ich keinen Zweifel", erwidere ich zuversichtlich. Dankbar lächelt er mich an.

Trotzdem bringt mein Vater es auf den Punkt:

„Ohne den Antonio isch des nemme des Gleiche wie vorher." Außerdem besteht er darauf, nach San Michele auf den Friedhof zu fahren, weil er das Grab sehen will.

Besuch in Padova

In diesen Wochen voller gemischter Gefühle erhalte ich einen Anruf von Petra:

„Ich habe einen Job in Italien gefunden. Ab September arbeite ich in Padova!", jubelt sie. Ich bin außer mir vor Freude. Endlich werden wir uns öfter sehen können. Gregorio, der in Mestre arbeitet, will ebenfalls nach Padova umziehen, um mit Petra zusammenzuleben. Das Warten hat sich ausgezahlt.

„Super", freut sich auch Vincenzo, „dann werde ich Gregorio hoffentlich häufiger sehen. Sie können mal übers Wochenende herkommen."

Ein etwas schlechtes Gewissen habe ich, dass ich Petra nicht beim Umziehen helfen kann. Ich solle nicht einmal darüber nachdenken, schimpft mein Gatte.

Wenigsten will ich meiner Freundin nach ihrem Umzug in die neue Heimat einen Besuch abstatten. Da Vincenzo viel zu tun hat, fahre ich an einem Samstagmorgen alleine hin. Ich bin zur Begutachtung des neuen Heims eingeladen. Mit unserem Auto irre ich durch den Stadtteil Borgomagno, der hauptsächlich aus Einbahnstraßen zu bestehen scheint. Zu guter Letzt komme ich doch noch bei Petra und Gregorio an. Nach einem ausgiebigen Mittagessen machen wir uns zu dritt auf den Weg zum Botanischen Garten, der sich vor der Basilika des Heiligen Antonius erstreckt. Die Orchideensammlung in einem der viktorianisch anmutenden Gewächshäuser ist zwar beeindruckend, die schwüle Luft hingegen eher unangenehm. Daher ziehen wir es vor, zwischen den plätschernden Springbrunnen im Freien zu flanieren. Es ist ein heißer Tag. Wir lassen uns im Schatten auf einer Bank nieder und plaudern. Frisch ausgeruht machen wir uns auf zu einem Rundgang durch die historische Altstadt. Gregorio erweist sich als kundiger Stadtführer. Ich staune über die vielen alten Gebäude und genieße es, etwas Stadtluft zu schnuppern. Nach so viel Kultur benötigen wir eine weitere Pause und genehmigen uns einen Kaffee in dem berühmten Café Pedrocchi. Da ich Vincenzo versprochen habe, zum Abendessen zurück zu

sein, muss ich mich schon bald auf den Heimweg machen, versichere aber
Petra, bald wiederzukommen.

Eine längere Irrfahrt beschert mir eine unfreiwillige Besichtung der Außen-
bezirke Padovas. Das rettende Autobahnschild führt mich endlich auf die
A4, die mich zum Südende des Gardasees bringen soll. Ich passiere Vicenza
und bin fast auf der Höhe von San Bonifacio angelangt, als plötzlich das
Cockpit meines Fahrzeugs anfängt zu blinken wie die Weihnachtsbeleuch-
tung auf dem Times Square. Oh, oh, denke ich und steuere mein Auto auf
den Standstreifen. Gerade noch rechtzeitig, bevor der Motor beschließt,
dass er unter diesen Umständen nicht weiterarbeiten kann. Ich versuche,
den Wagen erneut zu starten. Kein Lebenszeichen. Na gut, überlege ich,
Zeit für einen Anruf beim Servizio Autostradale. Ein Blick auf des Display
meines Handys verrät mit allerdings, dass das nicht möglich ist. Nicht nur
die Batterie meines Pkws, sondern auch der Akku meines Mobiltelefons hat
sich verabschiedet. Mist.

Ich sitze leicht genervt hinter dem Steuer und grübele. Neben mir brausen
auf drei Spuren die Fahrzeuge vorbei. Die gelbe Warnweste habe ich mir
bereits übergezogen. Nun steige ich aus dem Auto und schaue mich um. In
der Ferne kann ich eine Notrufsäule erkennen. Es sieht nicht so aus, als ob
einer der anderen Verkehrsteilnehmer die Absicht hegt, meinetwegen seine
Fahrt zu unterbrechen. Daher bleibt mir nichts anderes übrig, als mich zu
Fuß auf den Weg zu der Notrufsäule zu machen. Nach einem unangeneh-
men Fußmarsch komme ich dort an, nur um festzustellen, dass ausgerechnet diese Säule außer Betrieb ist. Es ist schon eine ganze Weile vergangen
und ich kann weder die Pannenhilfe noch Vincenzo anrufen. Was nun?
Wieder sehe ich mich um. In nicht allzu weiter Entfernung entdecke ich
eine Tankstelle. Das ist meine einzige Chance, wenn ich nicht die Nacht
in einem kaputten Auto am Rande der Autobahn verbringen möchte. Fast
habe ich die Rastanlage erreicht, als ein Polizeiauto mit Blaulicht an mir
vorbeirast. Mit quietschenden Reifen kommt das Fahrzeug vor mir auf dem
Standstreifen zum Stehen. Ich zucke erschrocken zusammen. Ist es in Italien strafbar, wenn man versucht, mit der Pannenhilfe Kontakt aufzuneh-
men? Ein grauhaariger, uniformierter Polizist um die Fünfzig springt aus
dem Wagen, gefolgt von einer etwas jüngeren, dürren, mürrisch dreinbli-

ckenden Kollegin. Sie sieht aus, als wäre sie sauer, dass ich ihr den Samstagabend verdorben habe.

„Sind Sie Melanie Castore?", fragt mich der Mann.

Ich starre ihn entgeistert an. Ein Polizist mit hellseherischen Fähigkeiten ist mir noch nie begegnet.

„Äh, ja, äh. Warum? Wie kommen Sie darauf?", stottere ich unbeholfen.

„Ich habe nichts getan. Ich hatte nur eine Autopanne", rechtfertige ich mich aufgeregt.

Der Polizist grinst selbstgefällig. Offenbar fühlt er sich in seiner Meinung bestätigt, dass Frauen besser nicht alleine mit dem Auto herumfahren sollten. Die Kollegin gibt keinen Ton von sich. Ihr miesepetriger Gesichtsausdruck ist unverändert.

„Woher wissen Sie, wer ich bin?", versuche ich herauszufinden.

Mit ironischem Unterton antwortet mir der grauhaarige Polizist:

„Ihr Mann hat uns angerufen."

Nun klappt meine Kinnlade nach unten. Was soll das denn? Ist das normal, dass italienische Ehemänner ihren Frauen sofort die Polizei auf den Hals hetzen? Man wird sich wohl mal etwas verspäten dürfen. Meine Gefühle schwanken zwischen Wut und Erleichterung.

Mit einem zynischen Grinsen fährt er fort:

„Ihr Gatte ist der Ansicht, dass Sie nicht alleine nach Hause finden."

Jetzt bin ich wütend. Das scheint auch der mürrischen Polizistin aufzufallen. Auf ihrem bisher grimmigen Gesicht zeigt sich ein Lächeln.

„Er hat sich Sorgen um Sie gemacht."

Das versöhnt mich ein wenig.

Die hilfsbereiten Mitarbeiter des Servizio Autostradale holen bereitwillig meinen fahruntüchtigen Wagen von der Straße. Das Polizistenpaar bietet mir sogar an, mich nach Hause zu bringen. Die nicht mehr ganz so missmutige Polizeibeamtin hat Vincenzo informiert, dass meine Rückkehr unmittelbar bevorsteht. Ich sitze schweigend auf der Rückbank des Polizeiautos. Es war ein anstrengender Tag und ich möchte einfach nur nach Hause. Einerseits bin ich natürlich froh, dass ich mir nicht mehr am Rande der Autobahn die Beine in den Bauch stehen muss, andererseits nagt der zynische Kommentar des Gesetzeshüters weiter an mir. Alsbald erreichen wir unser Haus in Riva. Vincenzo muss die ganze Zeit wartend aus dem Fenster gestarrt haben, jedenfalls ist er sofort zu Stelle, als das Polizeifahrzeug zum Stehen kommt.

„Wir haben Ihnen jemand mitgebracht, Signor Castore", frotzelt der Mann des Gesetzes, „wir dachten, wir kommen lieber persönlich, damit sie nicht unterwegs verloren geht."
Inzwischen verstehe ich, warum seine Kollegin so mies gelaunt ist. Mit diesem eingebildeten Chauvinisten wollte ich auch nicht zusammenarbeiten.
„War das denn wirklich nötig, dass du mir gleich die Polizei hinterherschickst?", werfe ich meinem Gatten etwas ironisch zu. Der nimmt meine Worte jedoch kaum wahr. Alle Farbe ist aus seinem Gesicht gewichen. Ungläubig starrt er den grauhaarigen Polizisten an. Auch in dessen Augen flackert Erkenntnis. Sein zynisches Lächeln erlischt. Nun gafft er Vincenzo unverhohlen an.
„Äh, tut mir leid ..., äh ..., ich wollte keine unpassenden Witze machen", murmelt der Grauhaarige peinlich berührt. Dann klopft er meinem Gatten freundschaftlich auf die Schulter.
„Nichts für ungut, diesmal habe ich keine schlechte Nachricht für Sie."
Dass die dürre Polizistenkollegin ebenfalls verwirrt dreinblickt, beruhigt mich. Das bedeutet zumindest, dass mein Unverständnis nicht darin begründet ist, dass mir plötzlich meine mühsam erworbenen Italienischkenntnisse abhandengekommen sind.

Der grauhaarige Gesetzeshüter steigt ins Auto und gibt seiner Kollegin ein Zeichen zum Gehen. Zum Abschied lächelt sie mir unsicher zu.

Vincenzo erwacht langsam aus seinem Trancezustand und drückt mich fest an sich.
„Ich habe Petra angerufen, nachdem du zum Abendessen nicht hier warst. Die hat mir gesagt, dass du schon lange weggefahren bist. Da habe ich Angst bekommen, dass dir etwas passiert ist."
Inzwischen habe ich ein schlechtes Gewissen wegen meiner überempfindlichen Reaktion. Natürlich ist es legitim, sich Sorgen zu machen, wenn jemand nicht wie vereinbart nach Hause kommt. Trotzdem verwirrt mich das Verhalten des Polizeibeamten. Auch mein Gatte ist immer noch etwas blass um die Nasenspitze.

„Was war denn das eben mit dem Polizisten?", erkundige ich mich neugierig.

Vincenzo schluckt.

„Das war ein echter Schock", gesteht er, „das war der Beamte, der an dem Abend von Marias Unfall zu mir kam. Ich glaube, wir haben beide nicht erwartet, uns nochmals wiederzusehen."

Ein neues Kapitel

Die Sommermonate sind nur so dahingeflogen. Der Herbst ist fast da. Ich genieße es, viel Zeit für mich zu haben. Vincenzo hat eine Menge Arbeit, begleitet mich aber zu fast jedem Arzttermin. Der Dottore nickt jedes Mal zufrieden, wenn er uns sieht. Beim letzten Arztbesuch haben wir erfahren, dass wir einen Sohn bekommen werden. Nachmittags sitzen wir meist auf der Hollywoodschaukel in unserem Garten.

„Welchen Namen sollen wir ihm denn geben?", fragt Vincenzo. Wir sehen uns gegenseitig an und antworteten gleichzeitig: „Antonio."

„Obwohl", grinse ich in mich hinein, „eigentlich würde ich ihn gerne Andrea nennen."

Vincenzo schaut mich fragend an.

„Als ich damals mit Andreas in Garda war, hat Paolo ihn immer Andrea genannt", kläre ich meinen Gatten auf, „Andreas hat es gehasst, weil er dachte, das sei ein Mädchenname."

„Das ist nicht dein Ernst!", prustet Vincenzo los.

„Doch", bestätige ich.

Nun grinst er schelmisch.

„Wenn das so ist: Ich bin dabei."

Jetzt steht es also fest. Antonio Andrea soll das neue Familienmitglied heißen.

Am vierzehnten November, an meinem Geburtstag, kommt unser Sohn im Krankenhaus von Rovereto zur Welt. Vincenzo weint vor Freude, als er ihn zum ersten Mal im Arm halten darf. Ich frage mich, wie ich auf die Idee gekommen bin, dass er sein Kind ablehnen könnte.

Einige Wochen später besuchen uns Andreas und Kathy, um den neuen Erdenbürger kennenzulernen. Von dem zweiten Vornamen wissen sie noch nichts. Vincenzo schafft es tatsächlich, ihnen mit völlig neutralem Gesichtsausdruck gegenüberzutreten. Ich ringe mit meiner Selbstbeherrschung und kann mir ein Grinsen nicht verkneifen. Vincenzo legt meinem Bruder unseren Sohn auf den Arm und verkündet feierlich:

„Darf ich dir deinen Neffen vorstellen: Antonio Andrea."

Ich drehe mich weg, weil ich mir das Lachen nicht verkneifen kann. Vincenzo verzieht keine Miene. Mit grimmigem Gesicht blickt Andreas von einem zum anderen. Sofort hat er den Wink mit dem Zaunpfahl verstanden. „Das ist nicht euer Ernst, oder?", zischt er.

„Was meinst du? Gefällt dir der Name nicht?", fragt mein Gatte unschuldig. Die arme Kathy steht daneben und versteht überhaupt nicht, worum es geht.

„Frag mal meine Schwester", schnauzt er Vincenzo an, „die wird es dir erklären."

An Ende müssen wir beide lachen. Als Andreas seinen Neffen im Arm hin und herwiegt, lächelt er versöhnt. Andächtig schaut er zu ihm hinunter: „Du kannst nichts dafür, dass deine Eltern so einen schrägen Humor haben. Warte nur ab. Wenn du mal größer bist, dann kann ich dir ein paar interessante Geschichten erzählen!"

Nachwort

Ich habe erst vor Kurzem meine Liebe zum Schreiben entdeckt. Im Frühjahr 2010 habe ich bei Verena Rotermund an der Volkshochschule Bingen aus Neugierde einen Kurs in kreativem Schreiben belegt und dabei festgestellt, dass es mich begeistert.

Die Idee zu dieser Geschichte ist in meinem anschließenden Urlaub am schönen Gardasee entstanden. Die meisten der Schauplätze habe ich selbst besucht, Personen und Handlung sind allerdings frei erfunden.

Auch wenn es in erster Linie eine unterhaltsame, mit Ironie gespickte Liebesgeschichte ist, so betrachte ich sie doch als humorvollen, leichtherzigen Beitrag zu dem schwierigen und aktuellen Thema Integration.

Durch meinen achtjährigen Aufenthalt in England durfte ich selbst erfahren, was es bedeutet, als Ausländerin in einem anderen Land zu leben. Ich habe dabei gelernt, dass die Sprache der Schlüssel zum Erfolg ist. Außerdem ist mir klar geworden, dass Integration nur stattfinden kann, wenn sich beide Seiten darum bemühen. Was gelebte Integration wirklich bedeutet, hat mich meine Zeit in London gelehrt. Ich habe meinen internationalen Freundeskreis stets als große Bereicherung empfunden.

Danksagung

Vor allem danke ich meiner Lektorin, Verena Rotermund, für ihre Ermutigung, dieses Buchprojekt überhaupt in Angriff zu nehmen. Ohne ihr wertvolles Feedback und ihre geduldige Unterstützung wäre das Buch nicht zu dem geworden, was es jetzt ist.
Ein herzliches Dankeschön geht ebenfalls an meine Probeleser und -leserinnen Antje, Hedi, Julia, Jutta, Marion, Ralf und Sonja. Eure Anmerkungen waren sehr hilfreich und haben mich darin bestärkt, weiterzuschreiben. In dem Zusammenhang danke ich natürlich auch Danilo Schreiter vom Telescope Verlag, dass er die Veröffentlichung dieses Buchs ermöglicht hat.

Die Autorin

Christine Lukas, Jahrgang 1967, ist im Enzkreis in Baden-Württemberg geboren und aufgewachsen.

Schon früh hat sie ihr Interesse an Fremdsprachen und anderen Kulturen entdeckt und daher eine Ausbildung zur Fremdsprachenkorrespondentin für Englisch und Spanisch absolviert. Nach mehreren ausgedehnten Spanienaufenthalten zog sie 1997 nach England um und lebte acht Jahre lang in London. Sie war dort für mehrere multinationale Unternehmen im kaufmännischen Bereich tätig.

Seit 2005 lebt sie als Exil-Schwäbin in Rheinland-Pfalz.

Der Gardasee

Karte © abenteuer und reisen